機理篇

上冊

增修八字心悟

覺慧居士
溫民生 增修

「智理文化」系列宗旨

「智理」明言

中華智慧對現代的人類精神生活，漸漸已失去影響力。現代人，大多是信仰科學而成為無視中華智慧者，所以才沒有辦法正視中華智慧的本質，這也正正是現代人空虛、不安，以及心智貧乏的根源。

有見及此，我們希望透過建立「智理文化」系列，從而在「讓中華智慧恢復、積極改造人性」這使命的最基礎部分作出貢獻：「智理文化」系列必會以正智、真理的立場，深入中華智慧的各個領域，為現代人提供不可不讀的好書、中華智慧典範的著作。這樣才有辦法推動人類的進步。我們所出版的書籍，必定都是嚴謹、粹實、繼承中華智慧的作品；絕不是一時嘩眾取寵的流行性作品。

何以名為「智理文化」？

佛家說：「無漏之正『智』，能契合於所緣之真『理』，謂之證。」這正正道出中華智慧是一種「提升人類之心智以契合於真理」的實證活動。

唯有實證了「以心智契合於真理」，方能顯示人的生活實能超越一己的封限而具有無限擴展延伸的意義。這種能指向無限的特質，便是中華智慧真正的價值所在。

至於「文化」二字，乃是「人文化成」一語的縮寫。《周易‧賁卦‧象傳》說：「剛柔交錯，天文也；文明以止，人文也。觀乎天文，以察時變，觀乎人『文』，以『化』成天下。」可見人之為人，其要旨皆在「文」、「化」二字。

《易傳》說：「文不當故，吉凶生焉！」天下國家，以文成其治。所以，「智理文化」絕對不出版與「智」、「理」、「文」、「化」無關痛癢的書籍，更不出版有害於人類，悖乎「心智契合於真理」本旨的書籍。

由於我們出版經驗之不足，唯有希望在實踐中，能夠不斷地累積行動智慧。更加希望社會各界的朋友，能夠給我們支持，多提寶貴意見。最重要的是，我們衷心期待與各界朋友能夠有不同形式的合作與互動。

「智理文化」編委會

《增修八字心悟》

溫民生　序

余自2006年始從吾師覺慧居士（張惠能博士）學習八字命學，轉眼逾十寒暑矣。

師之《八字心悟》自2007年1月出版，未幾迅速登上香港商務印書館十大暢銷玄學書籍榜，可見香港不乏具慧眼讀者，而示老師是以赤誠與讀者分享心得者也。

《八字心悟》是老師發表的玄學系列第一本作品，其後老師陸續出版的計有《八面圓通》（八字面相學）及《八字心訣》；易經系列的《周易點睛》與《周易成功學》等，為學者提供立身處世的陽明解惑正解。

《八字心悟》當初成書的編排是以乾卦六爻作為框架的。乾卦六奇至剛至健，所以取六龍為象，喻乘這六陽，用至大至正至剛至健純陽乾天的原理，比喻人行天道，自可暢行天下矣。

今老師應出版商力邀，再版此一紙風行斷版多時的經典，正名為《增修八字心悟》，沿用前《八字心悟》的乾卦六爻編排，將全書分為上

下兩冊發行。究其原因，吾師欲與有緣人分享
他經歷過去十年持續研究八字批命和修行的
心得，尤其是由吾師始創之化繁為簡的八字十
式，以及吾師把其參悟道家聖者之修真心法、
陰陽五行之修道悟証，還有導人御正道處世的
周易成功心法等，均一一納入此增修版內，故
其內容比舊版加倍充實，為方便學者輕鬆閱讀
故，是以分為兩冊發行。上下冊之內容列於本
書30頁及31頁之目錄索引。

本增修版上冊乃八字之機理篇，第一至第四部
仍實之以八字基礎理論，引滴天髓諸論為經，
配相關命例為緯，逐一闡明之，由淺入深，助
有志此道之讀者築基；而下冊應用篇，則除了
第五部的正五行擇日和正五行合婚等應用技巧
外，更在第六部（亢龍有悔）「正命之道」篇中
大幅囊列以下之命理學濃縮精華，計有：

1. 滴天髓口訣
2. 八字面相學
3. 易經六龍與流年面相總論
4. 頭面七神訣
5. 八字十式
6. 飲食開運八法
7. 《易經》成功大智慧
8. 修道真言（陰陽五行法修行經典之一）
9. 陰符經（陰陽五行法修行經典之二）

一書而兼備如此豐富珍貴資料，確實是一本作為八字玄學愛好者不容錯失的寶典呢。余有幸奉師命為此書作修訂並賦序，實有榮焉！

學生　溫民生　恭謹頂禮。

謹識於丁酉年處夏

溫民生介紹

筆者溫民生先生，1978年畢業於香港大學機械工程學系。畢業後取得專業工程師資格，歷任港鐵工程項目主管，房屋署屋宇裝備工程師等職。

溫先生向醉心玄學，2005年始先後從中州派王亭之老先生首徒蔣匡文博士、高徒葉漢良先生習玄空風水及紫微斗數，略有所悟。其後更因緣得遇覺慧居士於中華智慧管理學會，再拜師研習八字，距今已歷逾十寒暑。

溫先生也曾參與修輯覺慧居士再版《八字心悟》，及於中華智慧管理學會每年發報流年預測，並於2017年在學會開授「八字十式」。

覺慧居士介紹

張惠能博士（覺慧居士），香港大學畢業和任教，修讀電腦科學及專門研究人工智能。少年時熱愛鑽研易經、玄學及命理。廿多年來，深入研究及教授心得，未曾間斷。

覺慧居士「玄學系列」著作：《八字心悟》、《八字心訣》、《八面圓通》。覺慧居士「易經系列」著作：《周易點睛》、《易經成功學》。

八字心悟

第一版　序一

一　透過八字之實踐，達致心靈開悟

數月前有一位女士來找我批命，其八字為「水多土流」。那時候她每晚總是睡不安寧，經常夢到許多古靈精怪的事物，所以日間精神恍惚，心裏時常忐忑不安。在來見我之前，她曾遇見過一位「江湖術士」，術士教她只要在家中某個方位放置一件靈物，便可防治鬼怪事物。她於是依他所言，從他的店子內購買了極為昂貴的靈物，經他開光加持，然後歡歡喜喜地放置在家中。起初數天，不知是心理因素還是靈物顯靈，好像真的有點效用，晚上較易入睡。可是靈物保不了數天，問題又回來了。我看她的八字「水多土流」，批斷她之所以常常夢見古怪事物，是因體內濕寒，心腎不交，陽虛之故。觀她的唇色蒼白、手腳冰冷、畏寒、濕疹等，俱為實證。再加上她的生活又不見得有特別大的壓力，所以我更加肯定是生理問題。我於是教她晚上先喝一碗熱薑茶才睡，平常多喝一些去濕的湯水，少吃一些生冷寒涼的食物，只要驅除體內濕寒，以後便可睡得安寧。我最近再遇見她，見她已把身體調理好了，氣色亦

甚佳，現在她每晚都睡得很好，證實從前的怪夢與靈界事物無關。

先父去世時年僅六十歲。他年青時也曾遇見過一位江湖術士，術士狠批他六十歲必定大限難逃。先父於五十八歲腸道患了小毛病，但因為他認定自己大限已到，於是隱瞞家人自己的小毛病，拒絕求醫，最終於兩年後演變成末期癌症，藥石罔效。究竟是江湖術士誤人？抑或是命該如此呢？孰是因？孰是果？是非因果，錯綜複習，姑且勿論。但作為一個命理學家或玄學家，自應有個人的道德規範，要知自己一言隨時可置人於死地，也可救人於水深火熱之中，能不處處小心，步步為營嗎？我認為一個負責任的術數家，最重要是要予人希望，帶給人光明，引導人如何由「知命」達致「運命」。其基本應具備金、木、水、火、土五種德性：

　　金：古代俠仕的正義感、
　　木：宗教家的慈悲心懷、
　　水：經藏深入，智慧如海、
　　火：光明廣大、照於四方、
　　土：長養萬物、化育眾生。

可恨現今有很多江湖術士，為求突出其批算的功力，批命時經常運用江湖相命派流傳的「玄

關騙術」技倆及一些難明的術語，再加上很多如前世故事及靈界作祟等子虛烏有、妖言惑眾的詐騙技巧，去針對一般人性弱點，迷惑人心，實在令整個玄學界蒙羞。

其實批命的最終目的，是希望當事人能從命理分析中更加認識自己，更了解自己所處的形勢，從而學習以平常心去接受自己的現狀，以平常心去看清楚將來應走的方向，以求轉化生命中的苦境為樂境，趨吉避凶，離苦得樂。其實當一個人真正能夠以平常心去接受自己，平心靜氣，自然能滿足、能知足，外在的苦境雖仍在，內在已化為樂境，心靈平和，自然能度一切苦厄。況且，人生本來就是無常。很多苦難，後來反而結出好的果；很多幸運，卻成為了未來不幸之因。

學命理是要能「知命」和「運命」，「知命」包含「接受」，知而不接受，就永不能「運命」，更不用談「改運」。這個道理看似是理所當然，其實要真真正正做得到也是談何容易呢！要知道一個人的命局好比一輛汽車，「運命」就好比選定要走的道路，沒有人會用一輛貨櫃車與法拉利跑車競爭一級方程式冠軍，也沒有人會駕駛法拉利跑車爬崎嶇不平的山路。這是很顯淺的道理，但當套用到人生時，不是人人都可以接受

的。身為法拉利跑車的,卻抱怨為甚麼不能像四驅車那樣爬高山、走泥路。身為貨櫃車的,又不甘於在公路上運貨。這又何苦呢?

中國命理學與傳統哲學是息息相關的。傳統哲學建基於「天人合一」,「小我即宇宙」的理論;抽取「時」、「空」中任何一點,都可以代表整個世界。這與現代新物理學的「宇宙相等於一個細胞」(Universe is a cell)的理論,不謀而合。中國命理學以「八字」去探討人的命運;「八字」是指一個人的出生年、月、日和時間,是「時」、「空」中的一點,而這一點就正正代表上天賜予這人的「命」,亦包含了他整個生命中所需經歷的「運程」,所要面對的挑戰。

接受上天賜予的「命」需要勇氣,需要強烈的信念,才可能在苦境中仍達到心靈平和。一個好的命理學家要能導人「知命」和「運命」,本身就必須有一個健康積極的人生觀,和如大海一般深邃的人生智慧,方能讓當事人在苦境中看到一線光明。要知道當人生的一扇門關閉了,另一扇門必定已經打開,但是在現實生活中,我見到的事實是每一個人都太執着那一扇關閉的門,而不能看到另一扇已為他打開的門,縱是看到,卻又抱怨中間要經過長長的走廊,熬不下去。批八字、批流年就是助人尋找那扇門

和預先窺看走廊。

中國命理學絕不導人迷信，有其理論根基，可惜傳統命理學欠缺系統性，資料繁瑣，再加上古人的心理，害怕洩漏天機，禍及自己和子孫，往往用庾詞穩語來書寫，使後人無法了解，兼且古書在流傳方面，時有錯漏和互相矛盾，有鑑於此，我希望能藉着自己廿多年從事學術研究的經驗，再加上我多年來的八字實踐及八字教授等經驗，整理這門學問，並把主要的研究心得，編寫成這本書。

本書取名為《八字心悟》，含有雙層意義。其一、此書是我以古命理書為骨骼，心有所悟後，重新編寫的一本既完整，且重理性思維、具建設性、及不帶迷信的命理出門書籍。我冀望這本書能對命理學的現代化及系統化整理，起到拋磚引玉的貢獻，激發命理學愛好者新的研究靈感，更希望玄學界有朝一日，可以掃除那些怪力亂神的江湖術士，則甚幸已。其二、願此書的讀者，都能透過八字的實踐，而達致心靈開悟，明心見性。

今天，有人問我「財富」事？我答：「勿強取豪奪，勿詐騙劫盜，勿投機賭博。財富者，時也，命也，運也。不必勉強，隨意。自然而

已。」要知道一切財利，並非永遠屬於自己，連自己之身體都不是，何況財利？財利要多少才算富？要多少才算窮？原來富與窮根本沒有界限，只是自己對生活方式的執着。有人問我「名位」事？我答：「隨緣而不攀緣。不去求名，自來之，才是實名。」最高的位置，八風吹拂，眾矢之的，危險之極。所以，最有聲名的人，要忘掉名位，所謂「至名無名」。有人問我「是非毀譽」事？我答：「是非以不辯為究竟。」要知道：「菩薩忍受一切惡，向眾生，心平等，不動搖，如大地。」有人問我「姻緣」事？我答：「因果而已。」得到好的姻緣，值得恭喜；得到壞的姻緣，是前生惡因今生果，宜學「忍辱波羅蜜多」，也值得恭喜；沒有姻緣者，是不善不惡，值得恭喜；婚外色慾亂淫者，受罪為頑痴，死後墮惡趣，要知道有前因，必有後果，此故勿亂淫。所以奉勸病苦的人，首要知修行重要啊！有人問我「子女」事？我答：「子女完全是因緣果報而來。」有的子女是來報恩，有的子女是來報仇，有的子女來結一結緣，就走了。這當中有無法測知的因緣果報，要學習有子女無所謂，無子女無所謂，子女夭折也無所謂，一切應機順變，方合自然之道。只要盡了父母的責任，至於子女的回報如何，自有因果使然，勿怨天尤人。有人問我「病苦」事？我答：「千奇百怪的病，都是業力造成，因果循

環而已。」所以奉勸病苦的人，首要知修行重要啊！

最後，要特別鳴謝葉清華女士為本書作出校對及整理的努力。沒有她的堅持，本書是不會順利出版的，特此鳴謝。

覺慧

謹識於丙戌處暑

八字心悟

第一版　序二

一　透過『六龍變化』打通八字命理學的任督二脈

當您翻開這本書，看到這一頁時，我可以肯定您對於研究命理，有一定的興趣。看了很多書嗎？花了不少錢嗎？還不能批得準、批得精呢？追尋箇中原由，我發現答案就在《易經》六十四卦的第一卦：「乾」卦。「乾」卦由六個陽爻組成，是所有卦的基礎。「乾」卦的六個陽爻，道出「龍」的六種變化過程，觀察龍的變化過程，得出的啟示，發人深省。

龍的變化過程，依循一個**週期性的演變**。這個演變的**週期性**和演變的**特點**，被廣泛地應用到各種專科領域，解釋領域內種種事物的生成變化；包括天氣的轉變、人類的生老病死、文化的興盛衰落、金融地產市場的起伏、公司機構的現代管理方法等等。奇妙的是，從沒有人將這個宇宙的定律，融入學習與修煉的層面，解決在學習與修煉時常會遇到的死穴。我多年來教授學生，都是根據這個定律，學生批命的功力、進昇的幅度，比預期的還要好、還要快。

編排這本書，我當然亦以**六龍的變化**為本，好讓您能克服在修煉歷程中，所遇到的種種死穴，助您打通任督二脈。更冀望您能透過八字的實踐，達致心靈開悟。

第一部：潛龍勿用（龍剛剛出生，還不懂飛天的技術，不能用他做事。）

學命理的開始，和生命的開始、事物的開始、尋道的開始是一樣的。這個階段，您不能勉強自己去批算命運。重點是念誦口訣，熟讀我精選出來的二十四個口訣，在您未消化口訣的意義前，請勿用。

第二部：見龍在田（龍開始能行在地面上，開始可以用他。可是光靠自己，還是不能，還要有人幫助、有人賞識。）

在第二階段，修煉十神論和五行論，您開始領悟「八字命理學」的基本原理。所謂「練武三個月，自覺天下無敵，再學三年，方知寸步難行。」，正好用來形容您修成第二階段時的心情。您感覺興奮，自以為可以開始論命了。但當實踐起來，還要有高人賞識，在旁幫扶、指點。切記：勿興奮過度，只顧論命，不進研下一階段。

第三部：終日乾乾（終日自強不息，檢討自己，反省自己，請小心，避免了解錯誤。）

少試牛刀後，您要認真再投入，從新學習。這個階段，最容易想放棄。為甚麼呢？這時要修煉的，全是精深的理論，需時間領悟，需時間反省，簡單如為甚麼有時「合而能化」、有時又「合而不能化」呢，都要清楚明瞭。

《易經》的每一個卦，都是由上下或內外兩卦組成的。若您能由第三階段進昇至第四階段，便對應了「乾」卦由內跳向外的現象，您開始有成就了。弔詭的是，這亦是最危險的時刻，最容易有人想放棄的時刻，但願您能自強不息，繼續努力學習。

第三階段是由下而上、由內而外，關鍵的一步。

第四部：或躍在淵（把握機會跳躍，能飛上天便成飛龍，不能便掉回水裏變成潛龍。）

修煉成功前面的三個階段，便可算是煉成了「八字命理學」的內功心法。您縱然有深厚的內功，不懂招式，亦不能應用自如。在第四階段，我集中傳授您武功招式。勤加練習，學成後，便能於批命和批名、利、事業、婚姻、六親及災

劫運等等時，批得準，批得精。這時的您，雖不能飛，已能在八字命理的領域跳躍自如了。

要成為會飛的龍，您必須提昇您的跳躍技巧，轉化為飛行技能；嘗試將「八字命理學」的內功心法和招式，應用到玄學的其他領域，如擇日、合婚、風水、面相等。反過來説，如您不能融會貫通，將「八字命理學」的理論和其他領域的理論，混淆不清，您便是飛不起，很可能會掉回水裏。那麼您便要沈著氣、堅忍地由潛龍的階段，重新修煉。

掉回水裏的可能性，便等同「乾」卦的九四爻（即修煉時的第四階段）與初九爻（即第一階段）的相應性。「乾」卦明明白白的給了您啟示，好讓您預知在您修煉的歷程所會遇到的緣機。

第五部：飛龍在天（龍可以持續飛在天上，需要有賢德、有才能的人相助。）

進入第五階段時，您已飛離地面，不再被侷限在「八字命理學」的領域，可以嘗試學習怎樣應用八字的內功和招式，到玄學的其他領域：擇日和合婚。

玄學的天空這麼廣濶，無邊無際，除了擇日和
合婚的領域，我肯定還有其他的領域，可以讓
「八字命理學」飛得遠，飛得高。風水？面相？
養生之道？…所有略知風水的，都會認同「八
字」和風水是相關的學問。至於「面相」的領域，
前人還沒有完整的研究。在這方面，我做了詳
盡的研究和全面的驗証，在我將出版的新書，
會一一揭露。

第六部：亢龍有悔（龍飛得太高，每每曲高和
寡，易被人嫉妒。不受歡迎就會從天掉下地
來，返回終日乾乾的階段。）

完成第五階段，已達到出神入化的境界，為甚
麼還會有第六階段呢？

所謂天外有天，陰陽五行八字的理論和應用也
有它的極限性。命理學可以助我們「知命」和「運
命」。「知命」就是能以平常心去接受自己，去
接受上天賜予的「命」，知而不接受，就永不能
「運命」，更不用談「改運」。若您冀求轉化自
己的生命，單從命理學的天空追尋，往往會遇
上盲點，不能解答完盡渴望要知的疑問，例如：
因果關係、修心養性、五行改造等。

第六階段就是助我們飛入天外之天，融會貫通八字命理，衝破命理學的極限：

開創： 第2項的八字面相學
　　　 第3項的易經六龍與流年面相總論
　　　 第4項的頭面七神訣

修心： 第8項的修道真言
　　　 第9項的陰符經

改運： 第6項的飲食開運八法
　　　 第7項的《易經》成功大智慧

覺慧

謹識於丙戌處暑

八字心悟

第一版　代序葉清華

一　八字批命是真的，還是假的？是科學，還是迷信？

最近十年再燃起研究命理的熱潮，今次的熱潮有一特色跟以往不同。有不少術數家和命理書，都自我標籤能將玄學與科學結合，有些甚至在書名冠上「科學」二字。但從內容、結構、推論、論證等各層面看，都看不出那裏合乎科學和邏輯的準則。究竟玄學是科學，還是迷信？

很多人誤以為凡是科學的東西，便是好的，便是正確的。需知科學不等於正確，貼上「科學」的標籤不等於就獲得了正義與權威，不少曾被界定為科學的理論，亦隨著人類經驗智慧的積聚而被推反了。現在我們都知道行星的軌道不是圓形的，而是橢圓形的；牛頓的「重力定律」在物理學上主導了228年後，它的局限性才被發現，它的主導地位才被愛因斯坦的「相對論」所取代。我們試從另一個角度看，也有不少曾被批評為偽科學（pseudoscience）的學說，後

來被正統主流科學界所認同，如大爆炸理論(Big Bang theory)、黑洞(Black holes)、大陸漂移說(Continental drift)等。不要誤以為給玄學貼上「科學」的標籤，就能給玄學一個中肯的評價。我在這裏重申：科學不等於正確。**盲目相信**科學等同迷信，況且不是科學的知識，也可以對人類有正面的價值。我們傳統的醫術，中醫學，便是一個很好的例子。

我相信「八字命理學」的理論和驗證結果，相信它能顯示人生的玄機，它與數、理、化、生物、醫學、工程、電腦等人所共認屬於科學的知識一樣，是一個工具，一個探索宇宙生命事物的工具。不過，「八字命理學」經常由一個探索命運的工具，淪為亂世欺人、導人迷信的工具，為甚麼呢？皆因人性的弱點：江湖術士的貪念，被騙者的慾念或恐懼心理所使然。若要跳出這個騙與被騙「雞生蛋、蛋生雞」的因果循環；若要洗脫迷信的污名，便要由我們的研究態度和接受態度方面做起：**以研究科學的態度去研究玄學，以驗證科學的態度去驗證玄學**，而不是執著於將玄學標籤為科學。

做科學研究的，要求系統性、邏輯性、推論和驗證，會將研究結果公開，不會害怕洩露天機，也不會只傳弟子不傳外人，更不會有怕教曉弟子沒有師父的錯誤態度。能承先啟後，將原有概念不足的地方補充，錯誤的地方更正，發展新的知識，虛心接受批評和檢驗。接受科學研究結果的，同樣地，會以客觀的態度思考和不斷的反省分析，不會盲目相信。

如果我們能以相同的態度去研究和接受玄學，便能將玄學重新納入正軌。況且時代環境的轉變、道德標準的不同、文化的差異等因素對命運的直接影響，是要依靠批命者敏銳的時代觸覺，將這些因素全部考慮在內，才可相應地提高推算的準確度。我認為這是玄學不足的地方，有待發展新的理論包含這些因素在內。還有，需知人也可以參與命運的發展，我相信人力是可以戰勝命運的，但這並不表示玄學的理論錯誤。戰勝命運的答案並不在玄學的範疇，玄學只能助人「知命、運命」，至於「改運」的途徑，便要在其他的領域追尋。這正如若果只單憑任何一門科學，人類的文明是不會進步到今天的。

作者覺慧有二十多年的科學研究經驗，曾於五十多個國際學術會議發表不少有關電腦資訊科技的研究和現代教學方法的學術論文和演講，亦曾獲所服務的機構頒發「最創新」獎和「最優異成就」獎。作者以命學經典《滴天髓》為研究八字批命的理論**骨幹**，將研究結果公開，編寫成《八字心悟》這本書。作者不但能將明代命理大師劉伯温的論説，深入淺出的詳細説明，更能承先啟後，獨創新思想。作者將前人積聚的智慧和數據，歸納演繹為不少精妙的、首創的命理理論，落實地將八字命理系統化、邏輯化，掃除研究上迷信的成份。

首先從書的整體結構談起。結構上最精彩的部份，是作者將一大堆口訣放在書的開首。雖然是精選出來，只有二十四個，當中有不少艱深的古文，對於不喜唸書或記性不好的讀者是一大堆，我是其中一個。我想十個讀者有九個被嚇跑，我曾就此詢問作者覺慧，所得的答案是「給有緣人看的」。那時我半信半疑，與他一起編輯完這本書後，才體會和認同他的論點。沒有緣的，沒有決心的，便沒有機會接受他的內功心法。所謂緣，我想，也是作者給讀者的一個考驗，亦是讀者給自己的一個挑戰。佛家五祖傳位給六祖惠能前，曾給了他不只一個的考驗。

作者構思這本書的整體架構，有他的獨特創新之處。背後不但包含嚴謹的邏輯思維，又有可實踐、可證實的教與學哲理。作者深明一般人的學習心理，也了解一般人學習時要克服的難關和學習時上上落落、似懂非懂的進展曲線，他首創以《易經》乾卦龍的演變進程，分六個階段，來傳授他的八字內功心法。由理論開始，將理論歸類，分析立論的著點，推演應用的方法和技巧，在適當的地方加以舉例說明，又列出大量的驗證，讓讀者有足夠的練習，更附錄八字命理以外的領域，供讀者尋求「明心見性」和「改運」的參考。不但整體的內容結構是如此的深思熟慮，每一章每一節都有緊湊的系統性和邏輯性。這就是研究學問、研究學術應有的科學態度；先吸收知識，繼而應用，再進一步研究開發，將其發揚光大。如果書本或課程的結構鬆散，縱然內容豐富，也無助於學習和吸收的進度。將《易經》乾卦的思維應用到教與學的層面，結合玄學、哲學與教學方法，這是否也值得教統局負責課程編排的高官們借鏡呢？我在學習游泳時，也曾經歷相同的「由內而外，由下而上」的轉捩點，這就是如何呼吸，相信很多曾學習游泳的人都有同感。

作者覺慧的務實創新作風，在傳授學術的技巧和本書的內容架構上，只略見一斑。令人拍案叫絕的，是全書遍佈作者首創的、精妙的八字心法。在這裏不宜逐一細說，只列出最精彩的部份：一、形象氣勢論命法。二、十神全局論命法。三、「十神作用」和「十神互動方式」批歲運心法。四、八字擇日大法，等等。這些精簡、實用的理論，全是作者歸納實戰經驗的數據，和印證前人傳下來大量的案例，有系統地演繹而成的心法。作者用他新創的「合婚日課」心法，推斷出來的結果，與玄學名家梁超先生依據「婚嫁河洛理數擇日」理論所推斷的結果，完全一致。究竟是兩個不同的命理系統，彼此印證對方，亦為是彼此犯了同樣的錯誤呢？這有待聰明的讀者的驗證。作者覺慧公開他的研究結果，歡迎批評和檢驗，這樣的研究態度，是值得我們欣賞的。

我特別喜歡「互動」這個作者新創的玄學術語。用得非常的貼切、非常的準確，較之於傳統術語，更能生動地、不含評價地帶出陰陽五行「互相影響」的意思。傳統術語隱藏價值觀。「剋、沖、刑、害」的字義含有負面價值，「生、會、合」的字義含有正面價值，我們容易被誤導。其實，五行的「生、剋、會、合、沖、刑、害」對命運的影響是正面還是負面，是要由命、

運、歲三者的整體給合而定的。故此用一個中性的集合詞,「互動」,去表達陰陽五行「互相影響」的各種情況,可以建立正確的基礎觀念,當引用「生、尅、會、合、沖、刑、害」傳統術語分析各種的互動情況時,就不易被誤導。

八字命理學由古代流傳到今天,經歷千多年,仍有不少混淆不清的地方,如「五行流通」的原則,「天干得令」的判決方法,地支相刑的吉凶判斷,會合時化與不化的取捨……。這些不清晰的八字理論,作者都逐一分類,詳細解釋,務求清楚淺白。說來也奇怪,「五行流通」與「五行平衡」均為論命的基本原則,卻受到不同的待遇。坊間的八字命理書,十之八九都避而不談「流通」。作者將《滴天髓》的「五行流通」理論:順流、逆流、流通路線、流通與捉用神、批命、批流年大運的關係,發揮得淋漓盡致,絕無誇大之詞,誠能繼往開來。作者更首創以線箭符號顯示流通的規則和方向,簡單易明,具現代化的創意。

除了釐清混淆模糊的命理理論之外，作者覺慧還指出古書誤人的地方和學習命理的五大誤區，言詞毫不隱晦，正所謂：「謠言止於智者」。那麼玄學是真的，還是假的？是科學，還是迷信？這不是一個三言兩語便可回答的問題。劃分和界定那些知識是科學或非科學的標準，屬於科學哲學(Philosophy of Science)的範疇，稱為科學劃界(Demarcation of Science)。玄學、中醫學、太極、氣功等中國傳統智慧的發展，不是執著於將它標籤為科學，而是有賴我們以研究科學的態度去研究，以驗證科學的態度去驗證。作者覺慧將他二十多年研究科學的經驗，靈活地應用到發展傳統智慧上，寫成《八字心悟》這本書，給玄學一個正面的定位。

增修八字心悟

目錄

上冊－機理篇

增修八字心悟

目錄

第一部：潛龍勿用

第一部：潛龍勿用

第一章：口訣篇

學命理要背誦口訣，誰也不可豁免。口訣背得越熟，批命的功力越深，當然不能只顧背誦，還得領略背後意義。口訣的意義理解得越深，越容易背得熟，背得熟，便能靈活運用。當然，初學命理者對這些口訣，只能從字面上理解，如果有幸得名師指點，極其量亦只能掌握當中巧妙的邏輯。早期只能生硬地背誦，而且經常忘記，這都不用擔心，對口訣的深入了解，只能經過長期的實踐，一步步地領會。無論如何，背誦是一個起步，是學命理者難以繞過的。

現代人時間寶貴，花大量時間去背誦很多口訣，不是容易辦得到。下面是我根據多年批命的經驗，從明代國師劉伯温的命理學天書《滴天髓》，精選出來的妙中妙、訣中訣，很多不重要的口訣，我已經刪去，餘下的是不得不背誦。

這些口訣會隨着您批命功力的增長，不停地起作用，尤其是在遇到障礙時，口訣能助您突破難關。下面的口訣，是命理功力增長的要訣。我將這些口訣放在本書的第一部，在開始時就將精粹傳給您，希望您得到正確的八字入門方法。如果您認為自己記性不好，可以將口訣抄在小紙上，在空閒時，拿來背誦。只有時時留意提昇對這些口訣的理解、努力地驗證和歸納，您定能在命理學的高速公路上飛馳，心靈開悟，指日可待。

1 . 通天論口訣

　　欲識三元萬法宗，先觀帝載與神功。
　　坤元合德機緘通，五氣偏全論吉凶。
　　戴天履地人為貴，順則吉兮悖則凶。
　　欲與人間開聾聵，順悖之機須理會。
　　理乘氣行豈有常，進兮退兮宜抑揚。
　　配合干支仔細詳，斷人禍福與災祥。

2 . 天干論口訣

　　五陽皆陽丙為最，五陰皆陰癸為至。
　　五陽從氣不從勢，五陰從勢無情義。

3. **地支論口訣**

　　陽支動且強，速達顯災祥。

　　陰支靜且專，否泰每經年。

　　生方怕動庫宜開，敗地逢沖仔細裁。

　　支神只以沖為重，刑與害兮動不動。

　　暗沖暗會尤為喜，彼沖我兮皆沖起。

　　旺者沖衰衰者拔，衰者沖旺旺神發。

4. **戰合論口訣**

　　天戰猶自可，地戰急如火。

　　合有宜不宜，合多不為奇。

5. **干支論口訣**

　　上下貴乎情協，左右貴乎志同。

　　始其所始，終其所終。

　　富貴福壽，永乎無窮。

6. **源流論口訣**

　　何處起根源，流向何方住。

　　機括此中求，知來亦知去。

7 . 體用精神論口訣

道有體用，不可以一端論也，要在扶之抑之得其宜。

月令提綱，譬之宅也，人元用事之神，宅之向也，不可以不卜。

生時歸宿，譬之墓也，人元用事之神，墓之穴也，不可以不辨。

能知衰旺之真機，其於立命之奧，思過半矣。

能識中和之正理，而於五行之妙，有全能焉。

8 . 強弱論口訣

抑強扶弱者常理，用強捨弱者玄機。

9 . 歲運論口訣

休咎繫乎運，尤繫乎歲。

沖戰視其孰降，和好視其孰親。

10 . 六親論口訣

夫妻姻緣宿世來，喜神有意傍妻財。

子女根枝一世傳，喜神看與殺相聯。

父母或興與或替，歲月所關果非細。

兄弟誰廢與誰興，提綱喜神問重輕。

11. 女命論口訣

女命須要論安詳，氣靜平和婦道彰。

二德三奇虛好話，咸池驛馬漫推詳。

12. 小兒命論口訣

小兒財殺論精神，四柱平和易養成。

氣勢悠長無斬喪，關星雖有不傷身。

13. 性情論口訣

火烈而性燥者，遇金水之激。水奔而性柔者，全金木之神。

木奔南而軟怯，金見水以流通。

最拗者西水還南，至剛者東火轉北。

陽明遇金，鬱而多煩。陰濁藏火，包而多滯。

14. 疾病論口訣

五行和者，一世無災。血氣亂者，平生多疾。

忌神入五臟而病凶，客神遊六經而災小。

木不受水者血病，土不受火者氣傷。

15. 奮鬱論口訣

局中顯奮發之機者，神舒意暢，局內多沉埋之氣者，心鬱志灰。

16. 出身論口訣

秀才不是塵凡子，清氣只嫌官不起。

異路功名莫說輕，日干得氣遇財星。

17. 貴賤貧富吉凶壽夭論口訣

何知其人貴，官星有理會。何知其人賤，官星總不見。

何知其人富，財氣通門戶。何知其人貧，財神終不真。

何知其人吉，喜神為輔弼。何知其人凶，忌神輾轉攻。

何知其人壽，性定元氣厚。何知其人夭，氣濁神枯了。

18. 寒暖論口訣

天道有寒暖，發育萬物，人道得之，不可過也。

地道有燥濕，生成品彙，人道得之，不可偏也。

19. 清濁論口訣

一清到底有清神，管取平生富貴真，

澄濁求清清得去，時來寒谷也生春。

滿盤濁氣令人苦，一局清枯也苦人，

半濁半清無去取，多成多敗度晨昏。

20. 從象論口訣

從得真者只論從，從神又有吉和凶。

21. 假從論口訣

真從之家有幾人，假從亦可發其身。

22. 順局論口訣

從兒不論身強弱，只要吾兒又遇兒。

23. 論化格口訣

化得真者只論化，化神還有幾般話。

24. 貞元論口訣

造化生生不息機，貞元往復運誰知。
有人識得其中數，貞下開元是處宜。

第二部：見龍在田

第二部：見龍在田

第一章：十神論

分析十神的特性佔本書極大的篇幅，自然非常重要。坊間一般的命理書，在分析十神時，非常繁瑣，當中嚴重欠缺邏輯關係，兼且互相矛盾，不容易把握。十神分析是命理學的精粹，蘊藏無數前人的批命經驗，誰都不易將其疏理得清。我盡我所能，使之邏輯化及系統化，一方面方便讀者運用，另外，更希望讀者能進一步推斷、歸納新的結論。這裏做了很多去蕪存菁的工作，務求讓讀者易於理解。可是刪除雜亂，保留精華後，仍然有一定的複雜性，這只有靠大家的耐心領悟，和在批命實踐時，一步步地加以掌握。

第一節　十神的排列

八字以人為本，當我們排出四柱八字後，便以日柱中的天干代表當事人的本命元神，稱為「日主」，也叫做「我」或「日元」或「自身」。八字的其餘各干支，則分別代表與「日主」有關的人、事、物和時空狀態。所以四柱八字各干支的五行陰陽生尅制化，均以「日主」為中心，以「日主」的陰陽五行屬性，對應出它和其他各干支，所形成的陰陽生尅制化關係來論命。

「日主」與其他各干支的五行生尅制化關係，有五種基本型態，分別是「同我」、「我生」、「我尅」、「尅我」和「生我」。請參看下表，假如日主為甲木，則與甲、乙、丙、丁、戊、己、庚、辛、壬、癸的干支，分別地形成上述所論的五種基本型態，其中的一種：

> 甲木與甲、乙木為「同我」（木同木）。
> 甲木與丙、丁火為「我生」（木生火）。
> 甲木與戊、己土為「我尅」（木尅土）。
> 甲木與庚、辛金為「尅我」（金尅木）。
> 甲木與壬、癸水為「生我」（水生木）。

以上述「甲木」為例，「甲木」與「甲木」／「甲木」與「乙木」分別為「陽木」與「陽木」／「陽木」與「陰木」之「同我」關係，如此類推，所以每干便有十種生尅制化型態，十干便一共有一百種之多。古代先賢發現這一百種生尅制化型態中，都有基本的陰陽生尅制化特徵，為了方便，將其歸納整理成十種共通的類別，更創設了十個專有名詞來表達其共通性，稱為十神。十神是分析命理的基礎。

十神分別是：比肩、劫財、食神、傷官、正財、偏財、正官、七殺、正印、偏印。以下一表，清楚明列十神的排列方法：

- 同我者為比肩（陽見陽、陰見陰）、劫財（陽見陰、陰見陽），主自我意識。
- 生我者為正印（陽見陰、陰見陽）、偏印（陽見陽、陰見陰），主權。
- 我生者為食神（陽見陽、陰見陰）、傷官（陽見陰、陰見陽），主名。
- 我尅者為正財（陽見陰、陰見陽）、偏財（陽見陽、陰見陰），主富。
- 尅我者為正官（陽見陰、陰見陽）、七殺（陽見陽、陰見陰），主貴。

以甲木為例，見甲為比肩、見乙為劫財、見丙為食神、見丁為傷官、見戊為偏財、見己為正財、見庚為七殺、見辛為正官、見壬偏印、見癸為正印。以乙為例，見甲為劫財、見乙為比肩、見丙為傷官、見丁為食神、見戊為正財、見己為偏財、見庚為正官、見辛為七殺、見壬為正印、見癸為偏印，如此類推。

而基於十神的五行屬性，十神亦各自有其生尅關係。當十神出現在「八字」時，在甚麼情況之下，會互相引發生尅關係呢？請參看第三部第二章的「流通原則」，現先列出十神之間的各種生尅關係：

相生關係	相尅關係
比劫生食傷	比劫尅財
食傷生財	財尅印
財生官殺	印尅食傷
官殺生印	食傷尅官殺
印生比劫	官殺尅比劫

十神的五行屬性，有「陰」、「陽」之分，「陰」與「陽」也有相生相剋的特點，論命時不能忽略。通過以下的口訣，可以較容易把握這些特點：

陰陽生剋的要訣：

* 異性之相生，為有情之生，其力必盡生；異性之相剋，為有情之剋，其力不盡剋。

* 同性之相生，為無情之生，其力不盡生；同性之相剋，為無情之剋，其力必盡剋。

第二節　關於十神的分析

十神描述「日主」的內在性格、外顯行為、和內外兩者的關係，細緻而又準確。十神的分析，反映不同年月日時出生的人，隱藏著不同的性格因子。這些性格因子，又各自組合成性格系統。即是說：不同人的性格，常以系統的方式出現；又是說：有某種性格的人，每每同時兼有另外一些性格；沒有某種性格的人，往往同時又沒有另外一些性格。總結來說：某些性格因子會「促成」或「抑制」另外一些性格因子，與十神之間「相生」「相剋」的結果一致。性格因子組合而成的性格系統，是中華命理學的精粹。

中華命理學建基於陰陽五行論，是古人將無數批命所累積的「臨床經驗」數據，歸納整理後，修正理論而來的成果。「十神論」可稱得上是命理學的哲學、命理學的科學。「十神論」準確性相當高，不足為奇。當然「十神論」亦有例外的情況，特別當論命者功力不高時，推算的準確度，相應地降低，可是絕不能惘斷為這套命理系統之弱點。隨論命者功力之增加，便能體驗「十神論」的準確性，遠遠超過一般人的想像。總之，一切都是相對的，包括功力的高低，與推算的準確與否，亦是相對的。

十神除描述「日主」的性格和命運外，又可代表不同的六親，是分析十神的重要資料，現先列出其所代表的六親如下：

正官、七殺：
　男：子女
　女：丈夫、情人

正財、偏財：
　男：妻子、情人、父親
　女：父親

比肩、劫財：
　男：兄弟姊妹、同輩
　女：兄弟姊妹、同輩

正印、偏印：
　男：母親、長輩
　女：母親、長輩

食神、傷官：
　男：──
　女：子女

十神的分析：

1．比肩（十神之一）

與日主之五行相同，其陰陽屬性亦相同之天干，謂之比肩。在八字中比肩較多的人，其基本性格是：

(1) 性格不穩定、不易堅持

比肩是與日主屬於相同的五行，為陽見陽或陰見陰，依據「**同性相斥**」的基本原理，其人容易自相矛盾。若比肩出現在天干，由於天干象徵外在的行為表現，自相矛盾的性格表露在外，而內裏則對自己既往的見解與決定，經常自我否定，往往是昨天才作的決定，今天就感到有些不大妥當，故此性格不穩定，行事不易堅持。其自我排斥性使日主易於後悔，作事不是「慢條斯理、舉棋不定」，就是「不管那麼多」地過份熱心，但又很快地冷卻下來的兩個極端化表現，這易導致損失。

結果是：事業不能持久，通常約三兩年左右就會有形式上的變易。好朋友很少能維持五年。喜好也時常地在變。

(2) 自我性強

依據「強弱論」的「**扶身**」基本原理，若日主弱，比肩可以幫助日主增強其強度。

若比肩出現在地支（祿位之扶日主），其人執着，意志力強，自我性強，如一塊厚原木能承托重物。但若比肩只出現在天干幫扶日主，其意志力撐不了多久，當事人俱皆有「不持久，沒耐性」的性格，彷如一塊拼合厚板，易變曲變形。

比肩之五行生尅關係為：

> **比肩同日主**，代表日主自己的兄弟姊妹。比肩過多的人，執着、霸道、愛逞強，不聽人言。任性，不愛拘束，做事欠深思熟慮，勞碌一生。

> **比肩生食神傷官**，食傷在女命是子女。比肩多而能生旺食傷的女命，有自己的思想領域，儀容甚佳。子女多，愛子女多於丈夫。不論男女，比肩多而能生旺食傷的人，多愛高談。食神傷官代表名譽，所以比肩多的人對自己承諾過別人的事，即使是吃了虧，也願意承擔。

比肩剋財，財是男命之妻或情人。月柱比肩坐比肩，或比肩成地支三合或三會的男人，有剋妻之象，容易有幾度婚姻。

印生比肩，印是母親或長輩。命帶印星，而能生旺日主或比肩，在性格上較好學，有文人、藝術家之特質。

官殺剋比肩，官殺在女命是丈夫或情人，在男命是子女。比肩多的女命，若官殺無力剋比肩，視否定丈夫的意見，為理所當然之。若官殺無力又只出現於地支而未能外露於天干者，其丈夫成就必不如自己，其人不尊重丈夫之情度更加嚴重。

比肩出現在不同之柱時，代表人生不同年限之實際遭遇：

比肩在年柱（一到十五歲）
性格不穩定：十五歲以內的小孩，性格本來就是兒童性格，談不上穩定或不穩定。故此這一條特色根本不存在。
扶身：上有兄姊。
比肩剋財：十五歲以前，未有生財的能力。所謂剋財，只指向他的父親或

家長。故此，年柱比肩，可解釋為不利父親，出生平常家庭。所以比肩在年柱，完全指向童年的家運。

比肩在月柱（十五到三十歲）

性格不穩定：燥進，三十歲前，難有成就。

自我性過強：傾向自命不凡。自以為是，理想太高，導致必然的失望。

比肩尅財：在十六到三十歲，可以涵蓋了父親、妻、女友（戀愛）、與錢財。父親：三十歲以前之人，自己也可以多少有些自立的財源，不致於完全要向父親伸手。故此月柱比肩不完全解釋為家運不濟，而解釋為事業途徑不是透過父親的渠道。錢財：比肩因有自以為是的傾向，故容易因輕率投資、合作，而造成不良後果。女友：不會太久。導因是自我性過強，令女友不滿。妻侶：也因大男主義，以及不會理財而易生變數。

比肩在日柱（三十一到四十五歲）

自我性過強：對家務事，儼然家長式的領導，有理而欠情。

比肩尅財：財物來得辛勞，且會不斷損失小財。

比肩在時柱（四十六歲到死亡）

自我性過強：對家務事，儼然家長式的領導，有理而欠情。

比肩尅財：與家屬意見不和，尤其在財務上，經常有爭執而影響親情。

2. 劫財（十神之二）

與日主相同之五行，而又與日主陰陽性質相反之天干，謂之劫財。其基本性格為：性剛強，精明幹練，得理不讓人。劫財在尅財（妻、父、錢財）方面，遠遠超於比肩。劫財如出現在地支又可稱為羊刃。

(1) 客氣、自大、絕不吃虧

與日主相同的五行，為陽見陰、陰見陽。陰陽相遇。命中劫財強旺者，基於「**異性相吸、陰陽相助**」的原則，一般性的處世性格：在平常狀況下，沒有即時的利害關係時，劫財重的命造，待人接物，有點兒像男性處一羣女性之間，或女性處男性社羣之間，表現客氣，禮貌稍為過度，喜試探式的去了解對方的心意，同時又小心地、客氣地保持相當的距離。

劫財過多者，視別人對自己的尊重與禮讓為理所當然的，有如傳統西方社會的女士，認為男士對女士的紳士風度為必然的，故常帶着不自覺的傲氣與氣派，有不可屈就和打量他人的神氣，令人感到一種壓迫感和距離感。

在處利害境況時，劫財重的命造：言詞與行動，傾向迅速保護自己，心理上則是不論有理無理，自己一定是「無辜」的，有着一大堆「因為這、因為那」的不甘心與無奈。這是陰陽相助情切的緣故，隨時隨地不知不覺中，時時刻刻都認為自己有理，堅持別人履行承諾，是很會抓人話柄的人。但對自己所作的承諾並不十分作準，一旦發覺對自己不利時，能迅速改變言詞。

當日主衰弱時，遇劫財為及時雨，能轉衰為旺，但此人只能同患難，不能共富貴；若日主本身強盛，大運或流年再遇劫財便會見財棄義，轉福為禍。

(2) 個性剛強執着，精明幹練

依據「**扶身**」的基本原理，若日主弱，劫財可以增強日主。

却財強旺者，個性剛強，不懼閑言閑語，精明幹練，才華外露，得理不讓人，故容易招人嫉妒，即俗語所説「犯小人」；易因細節而亂大局，招惹小人。

在涉及利害關係時，劫財強旺者往往是力爭到底，責備他人時，也恆常不理會他人的面子是否難堪。

劫財之五行生剋關係為：

> **劫財同日主**，劫財代表日主自己、兄弟姊妹及同輩。劫財若過多，因為是陰陽相生情切，所謂有恃無恐，其人個性必然剛於常人，但在當事人自己並不覺自己有甚麼剛強之處，直覺只認為其他人性格含糊。相反，命局中比肩劫財缺少而又日主身弱者，其人必欠缺耐心，意志力薄弱，易受人左右，加上體質弱，做事實踐力不足。

劫財生食神傷官，食傷在女命是子女。劫財多而能生旺食傷的女命，子女必多，愛子女多於丈夫。

劫財尅財，劫財之尅財（妻、父、錢財），遠遠超於比肩。**錢財**：劫財因有極強自以為是的傾向，故容易因損失小財而小題大做。由於劫財的尅財力極強，劫財強旺者對錢很敏感，尤其對「小錢」更為重視，給人的感覺是小氣和貪小。但另一方面，卻常購買一些不必要也遠超自己平均經濟能力的物件。**女友**：不會太久，導因是自我性過強，令女友不滿。**妻侶**：夫妻之間言談漫不在意，只顧說理，而缺少敬愛的基本人情味。

印生劫財，印是母親，命中帶印生劫財或日主，一般在性格上較好學，有文人、藝術的特質。

官殺尅劫財，官殺在女命是丈夫或情人，在男命是子女。劫財多的女命，若官殺無力尅劫財，視否定丈夫的意見，乃是理所當然的。

劫財在命局中之年限與實際人生為：

劫財在年柱（一到十五歲）

性格不願吃虧：十五歲以內的小孩，性格本來就是較自我不願吃虧。故此這一條特色根本不存在。

扶身：上有兄姊。

劫財尅財：十五歲以前，未有生財的能力。所謂尅財，只指向他的父親或家長。故此，年柱劫財，可解釋為不利父親，生出平常家庭，甚至家運不濟，若年干及年支坐透劫財，早年大運又不利財星，少年失父或父先亡。

劫財在月柱（十五到三十歲）

性格不願吃虧：此人在性格上，隨時隨地，不知不覺中，時時刻刻都認為自己有理，是對的。

扶身：傾向自命不凡。自以為是，理想太高，容易犯上孤注一擲，導致必然的失望。

劫財尅財：在十六到三十歲，可以涵蓋了父親、妻、女友（戀愛）、與錢財。

父親：三十歲以前的人，自己也可以多少有些自立的財源。不致於完全要向父親伸手。故此月柱劫財不完全解

釋為家運不濟，而解釋為三十歲前事業發展及財運難穩健發展。**錢財**：劫財因有自以為是的傾向，故容易因輕率投資、合作，而造成不良後果。**女友**：不會太久。導因是自私和自我性過強，令女友不滿。**妻侶**：也因大男人主義，以及不會理財而易生變數，三十歲前難有圓滿的家庭，早婚不吉，感情必有阻折。

劫財在日柱（三十一到四十五歲）

扶身：自我性過強，若劫財不透出年、月、時天干者，大抵只是家庭有糾紛。對外尚不致於有重大的過失，由於此時已經是四十之年，性格上的自以為是已難改變。

劫財剋財：財物來得辛勞，且會不斷損失小財及大財。如果日支坐劫財又透出於月時天干，那麼日主由於求財心切，容易變成過份投機或病態賭徒，不能安份守己，故必有嚴重內外的憂禍。

劫財在時柱（四十六歲到死亡）

扶身：自我性過強，對家務事，有儼然家長式的領導，有理而欠情。

劫財剋財：與家屬意見不和，尤其在財務上，經常有爭執而影響親情。命局如劫財過旺而時干又為劫財，投機性格不易改，必因不能安份守己而有嚴重內外的憂禍。

3. 正印（十神之三）

正印為生日主之五行，與日主陰陽性質相反之天干。由於陰陽相逢，性格溫恭。印者「蔭」也。而由於正印生日主，是日主「氣之源頭」，是保護、扶植自己之吉善之神。

(1) 有涵養、好學、心地善良

正印代表母親，代表能得祖宗、長輩之庇蔭，享現成之福。人愛學習，有涵養，性格慈善。如果命中正印強旺又為用神者，一輩子多遇貴人，不逢凶橫，少疾病。印星為日主氣之源頭，不論正偏，皆注重精神生活，意味着才能學識，但正印傾向傳統學術文教，偏印則傾向獨創思想，如宗教，哲學，或傾向計劃，設計等方面發展。

(2) 重權、重責、勞心勞力

由於正印生日主，是日主「氣之源頭」，是保護、扶植自己的吉善之神，在官祿方面，是仕官受祿得俸祿及得權之神。故《三命通會》云：「朝庭設官分職，畀以印綬，使之掌管，官而無印，何以憑據？」

職業：屬於公職，傾向人事行政系統，主管階級。

正印之五行生尅關係為：

正印生比劫，印是母親，命中帶印，在性格上較好學，有文人、藝術的特質，因而影響財務、令收入減少。正印生比劫，在六親方面，則有很關心自己的平輩、同事、同學等，在健康方面，平生亦少有疾病。正印過多者容易缺乏獨立自主的精神，過於愛惜面子及勞勞碌碌。

正印尅食神傷官，食傷在女命是子女。正印多的女命，為人清孤，子女少。在處事態度上，食傷主名、印主權，印多之命為權重於名。在性情上，食

神為福星、壽星，印尅食傷主憂鬱（偏印尤甚，正印較為看得開）。食傷亦代表秀氣及智慧，命中印星過旺食傷弱，智慧難開，領悟力差，憨厚有餘，好學但學業不理想。

財尅正印，不論男女，都因宗教、藝術、學問之故而破財。

官殺生正印（洩官），在女命是丈夫或情人。印多的女命，若洩官殺太過，對丈夫有特定的期望，要求近似苛刻。在事業上，若命中無官殺，只是一介藝文之士。若命中官殺生印有力，則有職權隨身。

正印在命局中之年限與實際人生為：

正印在年柱（一到十五歲）
有涵養、好學、心地善良：十五歲以內的小孩，帶正印較愛學習，長輩師長緣佳。但印星如在命局過多而成為忌神，則易被寵壞，所謂慈母多敗兒。
生身，作母親論之。

正印在月柱(十五到三十歲)

重權:印星旺盛而又為用神的人責任心重,自我要求高,權重於名,故多能早年事業便有成就。

生身:得長輩及上司賞識,容易得權,但勞心勞力難免。

官殺生正印(洩官):女命易有丈夫不及自己的心態,容易導致分居。

正印在日柱(三十一到四十五歲)

重權:印多之命為權重於名。

財尅正印:男命如命局印旺財輕,妻身體差,夫妻關係亦不理想。

官殺生正印(洩官):女命易有丈夫不及自己之心態,容易導致分居。

正印在時柱(四十六歲到死亡)

正印尅食神傷官:時柱正印旺,不論男女,晚年勞碌。六親方面,女命晚年與子女較無緣。

4. 偏印（十神之四）

生日主的五行，與日主陰陽性質相同的天干。其於生扶日主方面與正印有相同的效果，但由於同性相斥，沒有了情切的親和力，所以與正印是有着相當的不同（基本原理與比、劫相同）。偏印的生日主，就好像天氣一樣，時冷時熱，陰晴不定，令人對之難以捉摸，所以偏印強旺的人必多疑，其性格亦較孤僻，做事方面給人的感覺是愛理不理，做學問則是好多務得，博而不精。

(1) 重視精神生活、好術

正偏印皆主學習精神，有讀書人氣質，然而正印與偏印是有着明顯的「學」與「術」的分別。正印主學，學即是學業，重學習；偏印主術，術即是學業以外的雜學，傾向獨創思想。

印星為日主氣之源頭，不論正偏，皆注重精神生活。但正印傾向傳統道德生活，偏印尤好宗教、藝術、哲學、五術等之追求。正印適合學術研究、教育或管理等方向發展；偏印則會傾向計劃、設計、五術、宗教等方面發展。

(2) 重效率、愛理不理、冷熱無常、多疑憂鬱

偏印由於與日主同性相斥，沒有了情切的親和力，所似不像正印的重權重責，主動關懷，貫徹始終。相反地，偏印給人的感覺是愛理不理（凡事不在乎，可有可無），粗枝大葉，甚至有始無終，其實真正的原因是：正印做事謹慎小心，自我要求高，故容易給人盡責及貫徹始終的感覺；偏印做事重效率，往往是巧妙地重點出擊，效率非常高，但由於不戀戰，小處較隨便，故難免給人愛理不理，事事不會持久，粗枝大葉，甚至是作事態度懶散，能推便推的感覺。

好像天氣的冷熱無常，陰晴不定。偏印多的人，自己也知道自己多多少少有些雙重性格，自己隨時會改變，所以隨時防備自己與他人，加上本性極多疑憂鬱，故凡事都抱有不要太肯定，話不要說得太實在的態度。由於事事防範及多疑的慣性，說話易帶簡短不清的語句。

偏印之五行生尅關係為：

偏印生比劫，印是母親（古代正印代表生母，偏印代表偏母，現代不準），命中帶印，在性格上較好學，有文人、藝術的特質，因而影響財務，令收入減少。在六親方面，倒有關心自己的平輩、同事、同學等（但偏印沒有正印般情切）。在健康方面，平生亦少有疾病。

偏印尅食神傷官，食傷在女命是子女。印多的女命，為人清孤，子女少。在處事態度上，食傷主言詞表達，**偏印性格很孤僻內向**，故言詞表達往往過於含蓄，沉默是金，屬於內心世界的人，給人的感覺是很難相處。在性情上，食神為福星、壽星，**印尅食傷主憂鬱**，偏印尤甚（正印較為看得開）。

財尅偏印，偏印是藝文性格的人，一般而言是不太會理財，不論男女，都易因宗教、藝術、學問之故而破財。男命財主妻及女友，偏印性格的人，不善溫馨，在一般人眼中，並不是一個好丈夫。

官殺生偏印（洩官），在女命是丈夫或情人。印多的女命，若洩官殺太過，對丈夫有特定的期望，偏印尤甚，其要求近似苛刻。

偏印在命局中之年限與實際人生為：

偏印在年柱（一到十五歲）
重視精神生活、好術：自幼有先天性的宗教情懷，從小不甚講究享樂。
生比劫：少有生於富貴家庭。

偏印在月柱（十五到三十歲）
重視精神生活、好術：偏印在青年期，藝術性格太重，輕視物質，是有慧但少福之人。
生比劫：有捨己為人心態，偏印雖生比劫，但始終欠情切，所以理論多而行動較少。
官殺生偏印（洩官）：女命易有丈夫不及自己的心態，容易導致分居。

偏印在日柱（三十一到四十五歲）
財尅偏印：男命如命局印旺財輕，妻身體差，夫妻關係亦不理想。

官殺生偏印（洩官）：女命易有丈夫不及自己的心態，婚姻不理想。若加上命局中官殺不露天干者，丈夫必難成材，容易導致分居。

偏印在時柱（四十六歲到死亡）
偏印尅食神傷官：時柱偏印旺，主老來孤獨。所以最少在五十歲以前，要奠定安康歲月，讓晚年安享清福，否則必定孤獨潦倒。女命晚年與子女無緣。

5. 偏財（十神之五）

偏財是與日主陰陽相同，而被日主所尅的天干。由於同性相斥，偏財是易聚易散之財，故其基本性格為慷慨豪爽，做事常有商人般以利為主的策略性、性喜冒險：

(1) 慷慨豪爽、不計小節、做事帶有以利為主的策略性

我尅者為財，財為養我命的根本。一般來說，偏財是天下流通的財貨，正財則是一般的資產及固定的收入。正財是由努力並節儉而來，偏財則是奇貨可居，快者得之，但亦易聚易散。

偏財是輕財之意，身過旺成爭財之象時則成為性好投機及易破財。

偏財多者，為人在財務方面很慷慨，性格豪爽，對一般的小事得失看得很淡，重大財務之事，也往往太過樂觀，所以說謊誇大是平常事。

偏財為商人之星，肯先吃虧，不會斤斤計較，但骨子裏這種肯吃虧是帶有以利為主的策略性，先讓別人方便，再為自己打算。內心一方面既知道自己在吃虧，另一方面則存有賭賭看、輸得起的心態。

(2) 性喜冒險、貪情多慾

被日主所尅的五行，但為陽見陽、陰見陰，依據同性相斥為無情尅的基本原理，性格不屬於溫和謙恭，喜冒險、變動和刺激。生活自由開放，貪情多慾，不忌犬馬聲色，喜歡別人奉承。

偏財之五行生尅關係為：

比劫尅財，偏財是父親，亦是男命的妻及情人。命中比劫過旺或忌比劫而逢比劫歲運者（比劫爭財），容易有桃

花劫,因酒色財氣而招致敗業、破產與官非,容易因破財而妻離子散。這就是所謂:「偏財非是自己財,最怕比劫同往來。」若命中身弱偏財多(財多身弱),一生多成多敗,尤其歲運逢偏財,事業便縱會有成就,亦會因過份貪圖金錢成就而導致週轉不靈或因貪酒色財氣而敗業;若身弱偏財多能逢歲運得比劫幫身,則多為富貴。偏財是父親,若偏財衰弱,早運又不利財星,必刑尅父親,父親困苦,父緣亦差。女命偏財旺者多為孝女。

財生官殺,若身旺且財生官殺,基本上是富且貴的好命,其為人精明,事業心重。但若身弱而財生官殺過盛者,則相反容易經常為了金錢,為了異性,而發生麻煩。

財尅印,印是母親,財是妻妾,命帶財星尅印者,家庭易生婆媳之爭。

食傷生財,用智慧賺錢,即是俗語所講「食腦之人」,其中也包括專業人士。但如果日主太弱,則代表一生容易為事業而勞心奔波。

偏財在命局中之年限與實際人生為：

偏財在年柱（一到十五歲）

在童年之時，偏財只代表父親。在年柱偏財有氣，父親勤奮，事業有成。假如偏財氣衰，父親多困苦，如有比劫來尅破尤甚。

偏財在月柱（十五到三十歲）

性格：事業心重、貪情多慾，愛出風頭。偏財的命造最忌患酒色財氣的惡習。

比肩尅財：在十六到三十歲，涵蓋父親、妻、女友（戀愛）、與錢財。父親：三十歲以前之人，自己也可以多少有些自立的財源，不致於完全要向父親伸手，故此月柱偏財不完全解釋為父親的錢財，而應理解為事業心重，在事業上有發達之時，尤其當財星由月令透出天干者為好，這就是《滴天髓》口訣的「何知其人富，財氣通門戶」。妻妾女友：貪情多慾。

偏財在日柱（三十一到四十五歲）

日柱偏財不解釋為父親，而應理解為事業上的偏財為主。男命的偏財亦主

妻子及情人，為貪情多慾之象。

財生官殺：女命的偏財能生官殺，故亦為多情多慾之象。

偏財在時柱（四十六歲到死亡）

時柱偏財而不為忌亦不被劫尅，是富貴命。男命的偏財亦主妻子及情人，為貪情多慾之象。偏財生官殺，若其外露於天干，於女命亦主其人貪情多慾。

6. **正財（十神之六）**

正財為與日主陰陽相異，而被日主相尅之天干。因其相尅是陰陽有情，日主對遇正財便有「與財談情」般愛見財聚而不願花財之象，故其基本性格為為人誠實儉約、有理財能力：

(1) 為人誠實儉約、有理財能力、較吝財

我尅者為財，為養我命之根本。一般來說，正財則是一般的資產及固定之收入。正財是由努力與節儉而來，一生中在現實中生活，不難安居樂業，所謂平常是福。由於自奉儉約，別人看來，多少有些吝財小氣。

正財得令又能透天干，此人有理財能力，是很好的財務管理人材。

但若是日主本身極弱，而正財又過旺且外露於天干，相反地其人雖欲節儉，最終也必難任財。因為其人內心雖然是吝嗇非常，卻又必定會有一些極花錢的「心頭好」而把積蓄花盡，甚至債臺高築，是典形的購物狂。

(2) 性喜平安、平常是福、夫妻圓滿

與日主陰陽相異的五行，為陽見陰、陰見陽，依據「異性相吸」的基本原理，性格屬於溫和謙恭之典型，性喜平安，只追求平常是福，一生較平順。

正財是正妻之神，以陽干為例，如甲尅己正財而成甲己干合，可象徵二人同心，主夫妻圓滿。

正財之五行生尅關係為：

比劫尅財，正財於男命是妻星。命中比劫過旺，忌比劫，而逢比劫歲運者（比劫爭財），感情有嚴重阻礙，財運經常有起伏，亦較不會腳踏實地。若

命中比劫弱正財多（財多身弱），主懼內，妻有如河東獅吼，財運方面則需要很大努力辛勞方可得財維生，甚至多為體力勞動，而由於身弱難任財，常會因妻、財而多困擾。所謂：貧賤夫妻百事哀。

財生官殺，財生官殺基本上是富且貴的好命，為人精明，有領導地位。但是財生官殺若過盛而形成剋洩日主太過，則相反容易為了金錢，為了異性，而發生麻煩。女命官為夫星，本身身旺而又財生旺官星，旺夫，有幫夫之力，丈夫榮貴；相反地若日主本身極弱，又遇着旺財來生旺官殺，官殺無情地相剋日主，則其人一生必定遇人不淑，既貧且賤。

財剋印，印是母親，在性格上較好學，有文人、藝術之特質。命中帶財星剋印，在性格上對學問，文學、藝術較缺乏興趣。男命則因正財是妻星，命帶貪財剋印，家庭易生婆媳之爭，或因財色而致禍。如若是印強財弱，性格上易因清高而導致財務平常，家宅方面則為剋妻之命。

食傷生財，如日主本身太強旺，多喜食傷生財，若遇強旺之食傷生財，必主富貴，最小亦可成小康，衣食無憂。

正財在命局中之年限與實際人生為：

正財在年柱（一到十五歲）
正財干透年干，**是指祖上的財務及事業亨通**。若能同時通根於時支，則能得祖業祖蔭直到晚年。

正財在月柱（十五到三十歲）
性格：為人誠實儉約、有理財能力、吝財。

比肩尅財：在十六到三十歲，可以涵蓋妻及女友（戀愛）、與錢財。月柱正財可理解為青年的時期在事業及正財上一帆風順。妻：妻個性強，財若為用神則主妻賢淑而擅理家。

正財在日柱（三十一到四十五歲）
日支屬正財，多主妻勤儉，擅理家，及中年時事業及正財順暢。

正財在時柱（四十六歲到死亡）

時柱喜財以享清福，忌歲運刑沖財而絕養命之源。亦不喜逢印洩財而導至多勞少福。

7. 正官（十神之七）

剋日主之五行，與日主陰陽性質相反之天干。官者、管也。由於陰陽相制，有宇宙陰陽和合之象。其基本性格為：善於自制、忠心守法、溫和謙恭。女命以正官、七殺為夫星；男命則以正官、七殺為子女。

(1) 善於自制、誠實守法、明哲保身、保守而少錯

官者、管也。代表拘束能力。正官代表我所願意而不排斥之被剋。命中喜正官而有正官，則表示其人善於自制，自省能力亦佳，誠實守法，保守而少錯，然而日主能管理自己，並不一定能管理別人，必須要官星外露於天干，並且能輾轉生旺印星再生旺日主者為最佳。

(2) 溫和謙恭、文靜內向

由於陰陽相制，有宇宙陰陽和合之象，依據「異性相吸」的基本原理，為人溫和謙恭，雍雍氣度，文靜內向。

正官之五行生尅關係為：

正官尅比劫，忌日主身弱，身弱者，欠缺耐心，意志力薄弱，易受人左右，體則弱，做事實踐力不足。

正官生印，印是母親，在性格上較好學，有文人、藝術之特質。命中正官生印者，文靜內向（因印尅食傷），多才多藝，勤奮好學，保守。所以正官代表文官。身弱官旺宜用印，因正官代表職責而印則代表權能，故正官佩印為用代表事業順利。若用印而逢財尅印，糊塗而失精明，主官運有損，破財，官非等。

財生正官，正官帶財主榮華富貴。官弱尤喜財生扶。但如官過旺為忌，歲運再逢財運生官，須防因貪污而罷職，急進而事業受挫，甚至招惹官非。另

外財為養命之本，若官星太甚財氣必洩，則命不受養，一生不是守財奴，就是為三餐奔波之命。

正官同七殺，忌官殺混雜，或官多變殺，會有紊亂之思想，不合理的行動。身弱者尤甚，容易欠缺耐心，意志力薄弱，易受人左右，投機心重，因而引起經濟窘困之現象。女命官殺混雜，容易發生感情的糾葛。

食神傷官尅正官，忌傷官沖尅正官，正官逢沖尅，多是落魄之人，性情不穩定，在事業上多波折。在女命是丈夫或情人，在男命是子女。食神傷官強旺的女命，不尊重丈夫，視否定丈夫之意見，乃是理所當然的。

正官在命局中之年限與實際人生為：

正官在年柱（一到十五歲）
性格：善於自制、誠實守法、温和謙恭、文靜內向。
官印相生：一般能秉承書香氣息，能得祖蔭，並得父母長輩關心與栽培。

正官在月柱（十五到三十歲）

性格：善於自制、誠實守法、明哲保身、保守而少錯、溫和謙恭、文靜內向。

官印相生：能得上司的培植與提拔，事業順利。

財生正官：正官帶財主榮華富貴。月柱有財官而可依者，祖業興隆，勤奮敬業，事業順利。

正官在日柱（三十一到四十五歲）

性格：善於自制、誠實守法、保守而少錯、溫和謙恭、文靜內向。

財生正官：正官帶財主榮華富貴。日、時財官相生，妻淑子賢，財官逢刑沖，妻嘮叨，子多逆。如財絕官困，得妻遲而子晚。

正官在時柱（四十六歲到死亡）

財生正官：日、時財官相生，妻淑子賢，財官逢刑沖，妻嘮叨，子多逆。如財絕官困，得妻遲而子晚。

8. 七殺（十神之八）

尅日主之五行，與日主陰陽性質相同之天干。陽制陽，陰制陰，同性相斥，其性嚴而無情，故主武、主生殺大權。女命以正官、七殺為夫星；男命則以正官、七殺為子女。

(1) 主意外、辛勞、破壞、自責憂鬱、強權壓迫、危險、惡勢力

陽制陽，陰制陰，為所不願意或排斥之被尅，故七殺過旺時主意外、辛勞、破壞、自責憂鬱、少膽識，強權壓迫、危險、多遇小人、惡勢力等。

(2) 豪邁、直言、性急好鬥、剛烈、警剔、有權威、急躁、爭執、偏激叛逆、外勇內怯、多疑、憂鬱、酒色財氣

依據「同性相斥」之基本原理，若日主身旺無印透干而七殺又為用時，為人豪邁、直言、性急好鬥、剛烈、警剔、有權威。若日主身弱無印而七殺又為忌時，急躁、爭執、偏激叛逆、外勇內怯、多疑、憂鬱、酒色財氣。

七殺之五行生尅關係為：

七殺尅比劫，官殺於人為自制能力，自制太過與不及均不宜。日主身弱七殺過強者，主意外、辛勞、破壞、自責憂鬱、少膽識、強權壓迫、危險、多遇小人、惡勢力等。身旺七殺過弱（受制太過），則一生坎坷，事業小成。一般來說，二殺夾身（即月干及時干皆為七殺），常遇環境或人為的阻擾，及極易為兒女的問題而勞碌奔波，益友難覓，財富聚散無常，少遠慮。

七殺生印，一般練習武術或消耗體力勞力者，以七殺為體力用神。殺印相生為用，文武雙全，功名發達，業務發展，擁有權力。七殺無印，勞碌特甚。

財生七殺，八字身旺，正財能生七殺為用，為人處事能幹，能守信敬業，生平多遇貴人，能富貴及成就事業，妻亦剛強能幹。

正官同七殺，忌官殺混雜，或官多變殺，會有紊亂之思想，不合理的行動。

身弱者尤甚，容易欠缺耐心，意志力薄弱，易受人左右，投機心重，因而引起經濟窘困的現象。女命官殺混雜，容易發生感情的糾葛。

食神傷官尅七殺，七殺為人，鋒芒太露，有制化者能呈祥和。如八字見七殺而有食神尅制得宜者，為人堅強豪爽，主見強，做事積極有魄力，能思考分析，利用權術與機智而達目的。

七殺在命局中之年限與實際人生為：

七殺在年柱（一到十五歲）
若身弱七殺無制化，在童年多刑尅坎坷，容易產生自卑與自大的心理，影響往後身心發展很大，做出超乎常理的行為。

七殺在月柱（十五到三十歲）
殺印相生：辦事精明能幹，功名發達，事業順利。
財生七殺：多遇貴人，能富貴及成就事業。
食神尅制得宜者：亦為貴命。

七殺在日柱（三十一到四十五歲）

日坐七殺為忌又無制化者，夫妻不睦，
逢沖自己多病或災殃。

七殺在時柱（四十六歲到死亡）

男命時柱七殺為忌又無制者，無子，
有亦不肖。女命時干七殺，時支劫財
（或稱為羊刃），主尅夫。

9. 食神（十神之九）

食神是與日主陰陽相同而被日主所生之天
干。由於食神能洩日主之氣，所以當日主
強旺時，食神代表才華之發露。而基於同
性相斥之原則，為「我所不願意」之生，故
其洩日主之氣為適可而止而並不會太過，
形成性格上之性情溫和中庸，氣度寬宏。

(1) 才華發露、性情溫和中庸、氣度寬宏

由於食神能洩日主之氣，所以當日主強旺
時，食神代表才華的發露：主思想，主好
奇心及鑽研精神，主創意、創作及計劃，
主好表現自我，主名氣名譽。

而基於同性相斥之原則，為「我所不願意」之生，故其洩日主之氣為適可而止而並不會太過，形成性格上的性情溫和中庸，氣度寬宏。

(2) 有口福、身心愉快、長壽

食神又為生財之神，命中有食神，主財多而飲食享受豐，富壽兩全，子息旺相。所以食神可直解為飲食之神，主有口福。所謂：「食神喜生財，富貴自天來。」

食神亦名為壽星，身強有食神，多主身心愉快，愉快自然長壽。所謂：「食神明朗壽元長。」

食神之五行生剋關係為：

比劫生食傷，食傷是洩日主及比劫之神，因此要日主強旺方能勝任。尤其當日主旺而無官殺制伏時，食神之用更顯，這就是所謂：食神有氣勝財官。身弱而再遇食神洩氣，主精神多耗，勞心而無功，或主疾病多生。食傷在女命是子女。日主強旺而生食傷之女命，有自己的思想領域，儀容甚佳，子女多，愛子女多於丈夫。

食傷尅官殺，食神傷官強旺的女命，不尊重丈夫，視否定丈夫的意見，乃是理所當然的。

印尅食傷，食傷在天干而為印所制，女命皆主刑尅子女或無子女，因時柱為子女宮，故以時柱見印尤甚。

食傷生財，食傷主才華，食傷生財代表用智慧賺錢，但如日主太弱則一生容易為事業而勞心奔波。食神為生財之神，命中有食神，主財多而飲食享受豐，富壽兩全，子息旺相。食傷旺盛的命格，除了要日主強旺之外，必定要見財方能有實質福業，其中尤以食神生偏財而有力者主大富。男命若身旺而食神在日、時柱生財，能得妻與子之福。

食神在命局中之年限與實際人生為：

食神在年柱（一到十五歲）

食神生財：在童年之時，偏財代表父親有成就，正財代表祖蔭。故若年柱見食神，可得長輩之誨蔭，現成福業。

食神在月柱（十五到三十歲）

才華發露、性情溫和中庸、氣度寬宏。食神為飲食之神，主有口福，家庭佳。

食神在日柱（三十一到四十五歲）

食傷生財：男命日主旺者，見食神在日柱，婚姻美滿，得賢內助。

食神在時柱（四十六歲到死亡）

印尅食傷：食神為壽星，若時柱食神逢偏印尅，主體弱及慢性病。

食傷生財：男命若身旺而食神在日、時柱生財，能得妻與子之福。

食傷尅官殺：女命時柱食傷過旺易刑尅官殺夫星，雖子女有成就，但夫妻不到白頭。

10. 傷官（十神之十）

傷官是與日主陰陽相異而被日主所生之天干。由於傷官能洩日主之氣，所以當日主強旺時，傷官代表多才多藝，擅口才。而基於異性相吸之原則，為「我所願意而無節制」之生，故其洩日主之氣實為太過，形成性格上之不守規矩，具叛逆性，心高傲物，鋒芒太露。

(1) 多才多藝、擅口才

由於食神能洩日主之氣，所以當日主強旺時，傷官也代表才華的發露，多才多藝，擅口才，多聰明才智。但較好玩樂，不喜讀書。

傷官亦代表計劃，但每多不設實際，故從事文學、幻想的事較宜。

(2) 不守規矩、具叛逆性、心高傲物、鋒芒太露

基於異性相吸的原則，為「我所願意而無節制」之生，故其洩日主之氣實為太過，成為任性妄為，多情縱慾，愛發揮等性格。不似食神之知所收斂，傷官性情氣高傲物，心無忌憚，口舌招尤，往往只知有己，不知有人，鋒芒太露，才高招忌，故容易被人排擠。故做事易弄巧反拙，多謀少成，所謂：聰明反被聰明誤。

傷官亦代表我所擁的情慾或性慾，命局若身旺，傷官旺，其情慾也必然極旺。

傷官之五行生剋關係為：

比劫生食傷，日主身弱而遇傷官旺洩氣，主精神多耗，勞而無功，或主疾病多生，若再過比劫也只會助傷官為虐，一生多自怨為懷才不遇，悲觀憤世。食傷在女命是子女。日主強旺而生食傷的女命，有自己的思想領域，儀容甚佳，子女多，愛子女多於丈夫。

食傷剋官殺，傷官是傷害官星的意思。官者，管也。官星被傷，其人不受管束，反叛，若命局傷官無制洩者，為人處事多奸滑，愛說謊，嫉妒心重，如傷官無制洩再加上歲運逢正官，則為傷官見官，為禍百端。女命以官殺為夫，傷官強旺的女命，剋夫，尤愛管夫的事，其不尊重丈夫，視否定丈夫的意見，乃是理所當然的。傷官亦代表對官祿的破壞，代表官位不保。

印剋食傷，食傷在天干而為印所制，女命皆主刑剋子女或無子女，因時柱為子女宮，故以時柱見印尤甚。

食傷生財，若日主強旺，擅營鑽生財，擅口才交際，賺錢野心大，事業心重。但如日主太弱則一生容易為事業而勞心奔波。食傷旺盛的命格，除了要日主強旺之外，必定要見財方能有實質福業，若財絕官衰，一生多空思夢想，不合實際，雖巧亦貧。

傷官在命局中之年限與實際人生為：

傷官在年柱（一到十五歲）

食傷尅官殺：在童年之時，聰明，但官星被傷，其人不受管束，反叛，好玩樂，不喜讀書。

傷官在月柱（十五到三十歲）

性格：多才多藝，不愛守規矩，具叛逆性。若傷官過旺，鋒芒太露，反叛不羈，心高氣傲，不安本份，常覺人不如己，最終必弄巧反拙，三十歲前事業運自然亦甚反覆。傷官過旺，亦主情慾極旺。

食傷生財：若日主強旺，擅營鑽生財，賺錢野心大，事業心重，擅口才交際。

傷官在日柱（三十一到四十五歲）

性格：傷官主情慾，亦主具叛逆性。傷官在日柱，主性觀念開放。

食傷生財：男命日主旺者，見食傷在日柱，得賢內助。

食傷尅官：女命日主自坐傷官，尅夫。

傷官在時柱（四十六歲到死亡）

食傷生財：男命若身旺而食傷在日、時柱生財，能得妻與子之福。

食傷尅官殺：女命時柱食傷過旺或刑尅官殺，夫妻不到頭，但子女可有成就。

第三節　十神性格總結

比肩是與日主陰陽五行性質相同之天干：

- **比肩強旺且為用**：心性穩重、自尊和善、喜與同年朋友共同做事。
- **比肩過強旺為忌**：剛愎自用、自以為是、爭強好鬥、孤僻不合羣、性格不穩定。多勞少獲、求財心切、熱愛投機。

劫財（羊刃）是同日主之五行，與日主陰陽性質相反之天干：

- **劫財強旺且為用**：客氣、熱誠坦直、精明幹練、個性剛強、執着和堅持。
- **劫財過強旺為忌**：外表和藹、內心無情、強悍自大、喜歡動暴力和破壞、不善理財、喜投機。

正印是生日主之五行，與日主陰陽性質相反之天干：

- **正印強旺且為用**：有涵養、好學、心地善良、文靜祥和、重權重責、所以勞心勞力、是個有信用之人。
- **正印過強旺為忌**：懶情、依賴性重、利己心強，故庸碌小成。

偏印（梟神）是生日主之五行，與日主陰陽性質相同之天干：

- **偏印強旺且為用**：重視精神生活、好術、悟性高、感受力強、創造力強、做事能幹、注重效率。

- **偏印過強旺為忌**：孤僻內向、思想行為怪異、表達力弱、做事愛理不理、有始無終、多疑。

偏財是與日主陰陽相同，而被日主所尅之天干：

- **偏財強旺且為用**：聰明機伶、敏捷好動、慷慨豪爽、不計小節、處事圓滑、做事帶有以利為主之策略性。
- **偏財過強旺為忌**：性喜冒險、貪情多慾、浮誇浪費、虛榮心重。

正財是與日主陰陽相異，而被日主所尅之天干：

- **正財強旺且為用**：為人誠實儉約、有理財能力、思想保守和講求現實、性喜平安、視平常是福、愛情專一、有圓滿的夫妻關係。
- **正財過強旺為忌**：好逸惡勞、懦弱無能、死板、內心吝嗇但卻難任財、經常性財困、易為情破財。

正官是尅日主之五行，與日主陰陽性質相反之天干：

- **正官強旺且為用**：善於自制自律、温和謙恭、文靜內向、誠實守法、保守而少錯、懂得明哲保身。
- **正官過強旺為忌**：意志不堅、膽小怕事、寒酸小氣。

七殺（偏官）是尅日主之五行，與日主陰陽性質相同之天干：

- **七殺旺且為用**：俠義好勝、豪邁直言、性急好鬥、剛烈警剔、有權威、權力慾強。
- **七殺過強旺為忌**：多交損友、喜酒色財氣、性偏激叛逆、膽大妄為、急躁、好爭執、好破壞、是個外勇內怯、多疑、自責憂鬱、委靡不振之人。

食神是與日主陰陽相同，而被日主所生之天干：

- **食神旺且為用**：性情温和中庸、氣度寬宏、才華發露、有口福、身心愉快、長壽之人。
- **食神過強旺為忌**：好發白日夢、自命不凡、迂腐固執、喜鑽牛角尖、故多愁善感。

傷官是與日主陰陽相異，而被日主所生之天干：

- **傷官旺且為用**：多才多藝、創意特強、擅口才、敢於挑戰權威。
- **傷官過強旺為忌**：不守規矩、具叛逆性、多學而不精、心高氣傲、鋒芒過於外露、刻薄殘忍、氣量狹窄。

第二部：見龍在田

第二章：五行論

『五行流轉，順則相生，逆則相剋。此五行相生相剋之道，其理昭然，其妙用則可謂無窮。』十天干、十二支、五運六氣、歲月日時，皆自五行而立。五行之為用，**在天則為氣**：寒、暑、燥、濕、風；**在地則成形**：金、木、水、火、土；**在人則為意**：仁、義、禮、智、信。形、氣、意交互感應而化生萬事萬物，可謂『天地造化生成之大紀也。』

所以，「五行論」是一切中國傳統智慧學問的基礎，就如同現代科學對宇宙物質的認識建立於「原子、分子說」一樣，不能不知。

第一節　五行性情

金主義：　從革、堅毅不屈、清泠、穩重、剛柔並濟，能屈能伸，所謂百煉鋼繞指柔。金為權勢、領導。富正義感，有傲性，殺傷力大。金光燦爛，注重外表，喜歡美麗之東西。

金過旺者，血氣旺盛，剛健主動，控制慾強，殺氣極大。金缺者，處事欠冷靜，又欠遠見。

木主仁：　曲直、不斷伸張及發展。君子之仁、廣結善緣、善於人際關係。謀略決斷，善於深思，是理想之智慧家。

木過旺者，太仁義，容易受騙，太情緒化，脾氣不穩，孤僻木枘。木缺者，不思進取，較貧婪，不容易吃虧。

水主智： 潤下、寒冷、機靈應變、服務羣眾。會說話，面面俱圓。對外善於應變，但組織力弱，故對內卻不善於領導。

水過旺者，水氣鬱積，陰寒盛，行動力弱，愛幻想多於行動。水缺者，傲性，包融力差。

火主禮： 炎上、熱情、向上及向外擴散。溫煦、明亮、有禮、融化，剛中帶柔，是最佳之協調高手。火為文明之象，非常注重外表，喜歡美麗之東西。

火過旺者，愛冒險，精力充沛，外向，鬬心重，愛擴展自己影響力，內心急躁。火缺者，欠缺上進心及外向心。

> **土主信：** 稼穡、能忍、土最大愛、最寬容、能包容萬物。能藏、土能載物、廣納廣收。能生、長養萬物、化育眾生。土直、誠實忠厚、務實、踏實，事事親力親為。
>
> 土過旺者，佔有物多，過份喜歡眷顧別人，遲鈍。土缺者，欠缺物質生活和享受，較自我。

第二節　五行生尅制化六大原理

五行生尅制化包含兩大現象：一為「相生」，一為「相尅」。五行「相生」包含有：旺生衰、衰生旺及旺衰均等三個情況；五行「相尅」亦包含有：旺尅衰、衰尅旺及旺衰均等三個情況。所以五行生尅制化，合共有六大原理：

　　第一原理：強者洩之（旺衰均等之相生）。
　　第二原理：母旺子衰，反生為尅（旺生衰）。
　　第三原理：子旺母衰，洩多為尅（衰生旺）。
　　第四原理：相尅相成（旺衰均等之相尅）。
　　第五原理：五行反尅（衰尅旺）。
　　第六原理：弱者遇強者之尅（旺尅衰）。

「相生」之原理可用母生子的各種不同狀況來說明。正常五行相生的現象為：木生火、火生土、土生金、金生水、水生木，作無始無終、生生不息的循環。

> **第一原理：強者洩之**：強金得水，方挫其鋒。強水得木，方洩其勢。強木得火，方化其頑。強火得土，方止其焰。強土得金，方制其害。

強者洩之：有如為人母者，在黃金歲月時期，身強體壯，**為子女付出，乃是順理成章之事。**

> **第二原理：母旺子衰，反生為尅**：金賴土生，土多金埋。土賴火生，火多土焦。火賴木生，木多火熾。木賴水生，水多木漂。水賴金生，金多水濁。

母旺子衰：在現今社會中，每一個家庭的子女數目很多不是一個，就只有兩個，因而每個子女皆很容易成為父母的心肝寶貝。父母在子女成長過程中，捨不得子女吃苦，形成過度保護子女，沒有機會讓子女去學習獨立自主的生活。子女自然而然地，就像溫室裏的花朵，禁不起挫折及打擊，愛反成了害。**若能增多子女，此尅即解。**

> **第三原理：子旺母衰、洩多為尅**：金能生水，水多金沉。水能生木，木盛水縮。木能生火，火多木焚。火能生土，土多火晦。土能生金，金多土變。

子旺母衰：從前社會重視兒孫滿堂，母親剛生育後，身體處於衰弱狀態時，仍然要照顧膝下一大羣子女，這位母親身體的虛弱程度，可想而知。遇此情形，必須要**抑其子，兼助其母**。若助抑同來，流通生化，尅即解也。

至於「相尅」的原理，其意義就是被尅制而受到阻礙傷害。宇宙間的任何人或任何事物，皆必須存在於相互感應、相互影響及相互制衡中。萬事萬物便是依輾轉相尅而形成一種循環及平和的狀態，這就好像世界上國與國之間的相互制衡一樣。正常相尅的現象為木尅土、土尅水、水尅火、火尅金、金尅木循環相尅。

> **第四原理：相尅相成：金旺得火，方成器皿**：火旺得水，方成相濟。水旺得土方成池沼。土旺得木，方能疏通。木旺得金，方成棟樑。

相尅相成：這是各相尅組合中，最完美的組合。「相尅相成」是相互影響、相互成就的意思。此種現象大至兩國處於敵對狀態下，不論在武器性能方面的研發或在數量方面的擴充，**相互競賽、相互激勵，而達致相互成就對方。**

> **第五原理：五行反尅：金能尅木，木堅金缺**：木能尅土，土重木折。土能尅水，水多土流。水能尅火，火炎水熱。火能尅金，金多火熄。

五行反尅：弱者主動去尅強者，因尅不動反而造成自己受傷，此種現象我們稱之為反尅。這種現象警誡我們：當我們若要去制衡他人時，需要探悉他人的實力，知己知彼，**並聯羣結黨以增強自己本身的實力，方可達到制衡他人的目的。**

> **第六原理：弱者遇強者之尅**：金衰遇火，必見銷鎔。火弱逢水，必為熄滅。水弱逢土，必為淤塞。土衰遇木，必遭傾陷。木弱逢金，必為砍折。

弱者遇強者之尅：是毀滅性之尅，是所有相尅中最不好的現象。在清朝末年，滿清政府國力衰弱，而世界其他國家正處於國力強盛的時期，不斷對外侵佔，擴展版圖。國力正處於衰弱的中國，自然而然地遭受列強侵害而成為受害者，此種相尅的現象，正是弱者遇強者之尅。**惟有透過第三者的介入，把原本的強弱相尅轉化成輾轉相生。**如火弱逢水，可透過木的介入，把原本的強水弱火相尅，轉化成水、木、火輾轉相生。

第三節　五行極端

一般來說，五行相生相尅為宜，能使相互間達致平衡與協調。所謂五行極端，是指五行旺衰的兩種物極必反之現象。一種是「物盛極」為亢，謂之太過，其中再細分為二：純者為「專旺」、雜者為「從旺」。另一種是「物弱極」為衰，謂之太弱，是為「從弱」。

> **物極必反之一、專旺／從旺**：旺之極者不可抑，不可洩。制之以盛，必大凶。便縱試順其流行，亦不為宜。

這就是說若五行太過旺盛時，抑制它反而激發它，產生更大的害處，且更對其餘處於弱勢的五行產生強烈損害；甚至洩之，也為不利。其中的原理可以用上述「五行反剋」和「母旺子衰，反生為剋」的道理推說：

1. 如以「五行反剋」的道理推說：剋方衰弱，不僅不能剋制對方，相反剋方會受到損害。如一片旺火，在火上澆水，杯水車薪則無異是火上加油，不僅不能制火之勢，反激火之烈，水蒸發乾了，火勢卻越來越旺盛。

2. 如以「母旺子衰，反生為剋」之道理推說：金本可洩土，但土多金埋，便反生為剋。相同地，弱土難洩旺火（火多土焦），弱火難洩旺木（木多火熾），弱木難洩旺水（水多木漂），弱水亦難洩旺金（金多水濁）。

物極必反之二、從弱：衰之極者不可益，**弱極則從**其他旺勢，相得益彰。

這就是説五行太過衰弱時，若勉強助它，反生為尅，必然產生相反效果，加重旺衰的對立，使衰者受到更大的損害。這是因為當五行太過衰弱時，便能有在太極中以柔制剛的強旺生機。其興衰每每決定於所依從的其他五行的旺衰。若勉強助其衰，必然相反加重了旺衰的對立，使衰者反而受到極大的損害。這好比中國古代女性，在社會上屬弱勢社羣，女性的旺衰，每每決定於丈夫運氣的好壞，丈夫的運氣旺衰好壞，必然就決定了妻子的旺衰。

注意：很多古代命理學名家把「旺之極者不可抑」這太旺狀態等同專旺，而忽略了「兩行相生」或「三行相生」等從旺狀態。更甚者是把「衰之極者不可益」這太弱狀態稱之謂從旺，而做成很多的混淆不清。可謂之古書誤人之一例也。

第四節　結論

以上提出五行相生相尅的六大原理，再加上兩種「五行極端」的情況，其實已經窮盡了八字捉用神的所有法則，是命理學最根本的心中心、法中法，不可不知。甚麼時候身旺要用官尅？甚麼時候身旺要見財星？甚麼時候身旺只能用食傷洩但忌見財星？甚麼時候身弱但卻忌用印生而一定要用比劫幫扶？甚麼時候身弱必定要用印生？這一切八字學上的疑難，只要能真正明白這六大原則和這兩種「五行極端」的特性，便能迎刃而解。

在運用這「六大原理」及「五行極端」之前，必須首先懂得察看命局四柱內每個五行的旺衰情況，其具體方法就是本書第三部第一章將要介紹的「平衡原則」。然後還要懂得看，在命局四柱內五行相互間的流通，從而掌握其中五行尅制生化之理，這就是本書第三部第二章將要介紹的「流通原則」。

透過察看四柱內每個五行的旺衰及流通情況，我們便能決定「六大原理」中，那一個可以用來平衡中和命局過旺或過衰的五行，既簡單又容易。命局中任何一個五行的過旺或過衰，我們可看作是屬於「病」，大運流年能抑強扶弱，使五行居於平衡中和之地，就等於藥到病除，那麼自然喜慶臨門了。

又或者察看命局內五行的旺衰及流通情況後，我們批斷為旺極（即專旺、從旺）或衰極（即從弱）這兩種「五行極端」之一，若大運流年能使其五行旺者愈旺，弱者愈弱，便為大吉大利了。

第三部：終日乾乾

第三部：終日乾乾

第一章：論命基本原則 —— 平衡原則

第一節　學習命理之誤區

為甚麼很多人學習命理十多年，看了很多書，花了不少錢，理論學了一大堆，但到真正批命時，卻又無從入手呢？其實命理之道，絕對是可以既容易入門，又不難學得精，其關鍵在於所用之方法，對與不對。而根據我個人經驗，所謂古書誤人，很多學習命理的朋友是走進了命理學的誤區而不自知。

1. **誤區之一：死背口訣**

   死背一些固定的口訣，如傷官見官為禍百端、梟神奪食不病則災、日坐財庫無人不富、拱祿拱貴填實則凶、反吟伏吟淚淋淋… 等等。

2. **誤區之二：格局**

   生搬硬套一些固定的格局，如井攔叉、專祿格、建祿格、歸祿格、雜氣財官格 … 等等。又死背各格局取用神之法，蒙混模糊，或死背甚麼調候用神表，用度數取用神法等，又無法對號入座，全然無用。

3. **誤區之三：神煞**

    古代的星命法算命如「果老星宗」，把煞放在主要位置上。其中神煞之多不可勝數，如吉神有：天乙貴人、天月德、將星、天赦、太極、文昌 … 等；凶神有：空亡、喪門、吊客、孤神、病符、五鬼、破軍 … 等。神煞往往只是抓住八字中某一字而作出吉凶推算，以點代面，不符合命理五行生剋制化的原理。

4. **誤區之四：十二長生**

    十干生旺死絕之十二長生宮，有真有假，使學命理者模糊不清，所以還是不用為佳。那麼，十天干生旺死絕究竟怎麼定的呢？可看十天干在一個命局中是否得令。其基本原則，是看該天干在月令象徵的四季，處於「旺相休囚死」那個位置而定。

5. 誤區之五：納音五行

六十甲子納音五行：

甲子乙丑海中金‧丙寅丁卯爐中火‧
戊辰己巳大林木‧庚午辛未路旁土‧
壬申癸酉劍鋒金‧甲戌乙亥山頭火‧
丙子丁丑澗下水‧戊寅己卯城頭土‧
庚辰辛巳白臘金‧壬午癸未楊柳木‧
甲申乙酉泉中水‧丙戌丁亥屋上土‧
戊子己丑霹靂火‧庚寅辛卯松柏木‧
壬辰癸巳長流水‧甲午乙未沙中金‧
丙申丁酉山下火‧戊戌己亥平地木‧
庚子辛丑壁上土‧壬寅癸卯金箔金‧
甲辰乙巳覆燈火‧丙午丁未天河水‧
戊申己酉大驛土‧庚戌辛亥釵釧金‧
壬子癸丑桑拓土‧甲寅乙卯大溪水‧
丙辰丁巳沙中土‧戊午己未天上火‧
庚申辛酉石榴木‧壬戌癸亥大海水‧

五行者金木水火土也，有此已經足夠了，犯不着用這個已被廢除的五行納音來混淆視聽。追源溯史，在五代之前是沿用出生年干支作命主，配合月日時特定配套上五行（納音）推算，有所謂：「五星」和「果老星宗」算命法，此法除用五行推算命運外，尚注重神煞組合，方法雖然較為直接了當，但論斷吉凶休咎時，卻少了靈活變化，準確性自然亦較低。到了五代時期，出了位大哲學家徐子平，他創造了由出生日子（日元）作本命，配合年月時四柱五行生剋制化，尋求中和，作為算命原則。自此以後，世人均樂於採用此新改良方法，尤其至明、清兩朝，能人輩出，其中以明朝開國大國師劉伯溫、明朝宰相萬育吾及清朝宰相陳素庵等人，貢獻尤甚。

命理本來就是五行剋制生化之理，所以「平衡」與「流通」是命理的基本大原則。至於以上的五個誤區，初學命理者應盡量避免誤入。

第二節　平衡原則

論命時排出四柱後，必須首先察看四柱內各種五行的旺衰，從而了解每種五行在人生道路中的吉凶及其影響力的大小。其中最為重要的，是代表日主的日干的旺衰。日主分出強弱是關鍵的一步，然後要看行運的向背。**「向運」是指大運來平衡中和命局內過旺或過衰的五行，使強者得抑洩，弱者得幫扶。「背運」是指大運使命局中的五行走向更不平衡，使旺者愈旺，弱者愈弱，有如落井下石。**命局中任何一個五行的過旺或過衰，我們可將那個五行或日主看作屬於「病」，大運能抑強扶弱就等於藥到病除，使五行居於平衡中和之地，那麼自然就喜慶臨門了。

批斷命局內五行是否平衡，首要懂得如何釐定天干和地支支藏各種五行的旺衰。

1. 天干五行旺衰的看法

一般天干五行旺衰的看法，基於得令（月令）、得地、和得勢的具體推演而來的。只要該天干在得令、得地、和得勢三者中，能得其二或三者，便可稱為「旺」，否則為「弱」或「衰」。

- **天干得令**

  看命局中任何一個天干（包括日主）是否得令，自古命理學大師們眾說紛紜，莫衷一是。經我多年實戰經驗及印證，最準確者，竟然是易學理氣中最簡單的「旺相休囚死」基本原則：看該天干在月令象徵的四季，處於「旺相休囚死」那個位置而定其得令與否。真是簡單、直接、準確。

「旺相休囚死」的含意：

> 旺： 旺盛的狀態
>
> 相： 即得五行相生、次旺盛的狀態
>
> 休： 休息、亦即退休、一個弱的狀態
>
> 囚： 衰落、封閉、如同被囚禁、比休更弱的狀態
>
> 死： 被尅制而全無生氣、亦即死亡、最弱的狀態

五行之「旺相休囚死」與四季的聯繫：

假設命局以「木」為日主，若在春天出生（即月令象徵春季），日主的五行「木」便是處於「旺」的狀態，是得令；若在夏天出生，便是處於「休」的狀態，是失令；若在秋天出生，便是處於「死」的狀態，是失令；若在冬天出生，便是處於「相」的狀態，是得令。總括來說「旺」、「相」的狀態是得令，其餘狀態是失令。

春 （木）	木 旺	火 相	土 死	金 囚	水 休
夏 （火）	木 休	火 旺	土 相	金 死	水 囚
秋 （金）	木 死	火 囚	土 休	金 旺	水 相
冬 （水）	木 相	火 死	土 囚	金 休	水 旺
四季 （土）	木 囚	火 休	土 旺	金 相	水 死

一般來說，凡比劫為月令則日主為「旺」，印星為月令則日主為「相」，皆可看成得令；凡食傷為月令則日主為「休」，財星為月令則日主為「囚」，官殺為月令則日主為「死」，皆可看成失令。

但當月令為**辰戌丑未（四季土）**的時候，情況較為複雜，在命理學界的分歧亦更大。所謂：「吾道一以貫之」，我發現最準確的，便是簡單地運用易學理氣的「**進氣退氣**」原則，結合「旺相休囚死」情況來看。

如以辰月來看，木已退氣，火在進氣中，故木雖得餘氣，也只能看為「休」，是失令；火在辰月本來是「休」，但因為正處於進氣中段，應該以即得「旺」的「相」來看，是得令；金在辰月本是「相」，但因為火進氣中，金到火月將「死」，故是失令了；水到辰月本是「死」，因火進氣而將改善變成「囚」，但也還是失令。

如以戌月來看，木到戌月本為「囚」，而處於水進氣中段，應該以將得「相」的「休」來看，還是失令；火在戌月本來是「休」，雖得火之墓氣為有根，但卻正處於水進氣中段，可看作將「死」的「囚」，是失令；金在戌月本來是「相」，但水進氣中，故金雖得餘氣，也只能看為「休」，是失令；水到戌月本是「死」，但卻正處於水進氣中段而快要進入亥水月為「旺」，所以應看為即得「旺」的「相」，應該是得令。

如以丑月來看，木到丑月本為「囚」，但卻正處於木進氣中段而快要進入寅木月為「旺」，應該以即得「旺」的「相」來看，是得令；火在丑月本來是「休」，正處於木進氣中段，也是看為即得「相」的「休」，應是失令；金在丑月本是「相」，但正處於木進氣中段，因為木進氣，金到木月將「囚」，是失令；水到丑月是「死」，雖得水的墓氣為有根，因為木進氣，水到木月將「休」，應該是失令。

如以未月來看，木雖得木的墓氣為有根，而處於金進氣中段，也只能看為將「死」的「囚」，是失令；火在未月本來是「休」，雖得餘氣，但處於金進氣中段，也還是看為將「囚」的「休」，應該是失令；金在未月本是「相」，又為進氣中段，固然是真正的「相」，當然是得令了；水到未月是「死」，但卻正處於金進氣中段，應該以即得「相」的「休」來看，還是失令。

現將月令為**辰戌丑未**的推演結果，歸納為下表：

月令	木	火	金	水
辰	失令	得令	失令	失令
戌	失令	失令	失令	得令
丑	得令	失令	失令	失令
未	失令	失令	得令	失令

> **注意**：得令與失令，**絕對**不可以用十二長生宮來看。

- **天干得地**

論天干得地，首先要看該天干能否通根。若該天干能通「強根」於日支、月支、時支或年支的其中兩支（或以上）的主氣，而其根又不被合、沖、刑、害所破壞，便稱為得地。

命理所謂的「根」有：

一. 地支的主氣為該天干的自黨（比劫、印星），屬於「強根」；

二. 地支五行為土並為該天干五行的墓庫或餘氣，屬於「弱根」；

三. 以日主為例，地支藏干中的主氣為官殺，而能流通，有情地生印，再生旺日主者，屬於日主的「弱根」（流通的定義，請參看第三部第二章）。

● **天干得勢**

論天干是否得勢，只要該天干以外的三個天干，有兩個或三個是自黨（比劫、印星），便可稱為得勢。

如果日主於得令、得地、和得勢三者之中能夠得其二或三者，便可稱為**身旺**（或**正格身旺**）了。若三者也不能得到，即是既失令、失地、又失勢者，或是三者僅能得其中之一者，是為**身弱**（或**正格身弱**）。

如果除日主以外，天干地支盡是自黨，**入專旺格或從旺格**。

如果除日主以外，天干地支盡是異黨，**入從弱格**。

如果除日主以外，還有一個異黨天干，其餘天干地支盡是自黨，**入假專旺格或假從旺格**。

如果除日主以外，天干僅還有一個自黨，其餘天干地支盡是異黨，**入假從弱格**。

2. 地支支藏五行旺衰的看法

所謂「在干要通根，在支要透出」。例如地支寅卯木，天干要見甲或乙，則此寅卯木才旺。若天干不見甲乙木，地支又不見亥水來合或子水來生旺，又未得令，蓋頂天干又沒有壬癸水者，則此寅卯孤立無援，是為弱也。

歸納以上例子，**地支支藏**五行的旺相條件有：

1. 地支看透干；
2. 天干有生扶；
3. 地支有合化；
4. 得令；
5. 蓋頂天干生扶。

以上五個條件附合越多者，該地支所支藏天干的五行越旺，得其一者也不為極弱，若一個條件也不成立者，則為孤立無助。

假如某個五行在命局內，孤立無助地暗藏在地支中，不論其為地支藏干的主氣或支氣，遇沖則拔。但是若把孤立的藏干與虛浮的天干比較，地支中藏干又安全得多了。因為虛浮的天干是完全無遮無擋的，一旦遇尅便立即倒下。而地支藏干的五行卻是隱蔽在地支中，天干尅不到它，必須遇地支相沖將其沖出來，才會受尅。有時藏干雖然被沖出，若無相尅它的五行在沖支或鄰支中，被沖出的藏干仍然是不受尅。

例如丙火虛浮，一遇壬運或辛運，立刻就被打倒。若丙火孤立地藏在寅中，而寅中之丙火不但不受壬癸水所尅，壬癸水反而會生旺寅木，間接助旺丙火。所以必須遇申來沖寅，申中壬水與寅中丙火同時被沖出，則丙火才能被壬水尅去。寅中的戊土，雖在寅申相沖時同樣被沖出，但此戊土並不受尅。

凡是喜用神，能藏支又透干為最好。如果只能虛浮於天干或暗藏地支之中，兩者之間，二擇其一，則藏支比虛浮天干為好，特別是月令所藏的主氣，若能透干又為喜用神者，最為強旺有力。

第三部：終日乾乾

第二章：論命基本原則 —— 流通原則

第一節 《滴天髓》的流通原則總綱

1. 干支論：上下貴乎有情，左右貴乎同志。
   始其所始，終其所終，福壽富貴，永乎無
   窮。

> 天干地支，雖非相生都要有情而不
> 反悖，上下左右，雖不全一氣三物，
> 卻須生化不錯。
>
> 五行周流，看其從何處起源，順序
> 相生，至何處為住。其中薈萃之點，
> 即用神所在。
>
> 摘自《滴天髓徵義》

2. 源流論：何處起根源，流到何方住，機括
此中求，知來亦知去。

不必論當令不當令，具論取最多最
旺者，即為源頭也。看此源頭流到
何方，源頭流住之地，即山川結穴
之所也，不可以不究。源頭阻節之
氣，即來龍破損隔絕之意也，不可
以不察。

看其源頭流止之處何地，以知其誰
興誰替。看其阻節之神何神，以論
其何吉何凶。

凡富貴者，未有不從源頭也。分其
貴賤，全在收局一字定之。去我濁
氣，作我喜神，不貴亦富。去我清
氣，作我忌神，不貧亦賤。

摘自《滴天髓徵義》

第二節　論「流通原則」

命理上的「流通」是指命局本身或命局在大運流年中的五行相生有情而沒有阻礙,即木生火、火生土、土生金、金生水、水又生木,周而復始,生生不息,兼且陰陽有情地相生。故命理上的「流通」又稱為「五行流通」。批命和論運時,皆以五行能流通、能達致平衡中和的狀態為喜。

1. 四柱內部干支間之五行流通路綫:

「五行」在命局的相生作用,有其要遵守的流通路線,若雜亂無序,便不能流通。流通的規則(或流通的路線)是:天干與地支,必須同處一柱,才能相生;異柱干支不能直接相生。天干與天干、地支與地支,須緊貼相生;干與緊貼的鄰干直接相生,支與緊貼的鄰支直接相生。隔一干或隔一支的作用力小,隔兩干或隔兩支的作用力更小,可以忽略不計。

地支與地支之間的相生道理，其實與地支之合、沖、刑、破道理一致，必須是緊貼的兩支才相互影響，如不能緊貼者，藉着地支三合或三會的關係，也可以直接相生。

上述的各種「五行流通」路綫，可用下圖表達：

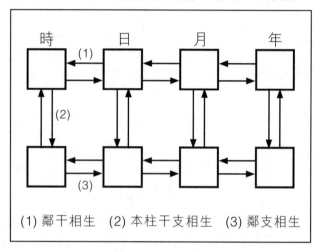

(1) 鄰干相生　(2) 本柱干支相生　(3) 鄰支相生

倘若「五行」在命局不能流通，也可藉着流年大運的五行「通關」，使其流通。我從《滴天髓》選出兩個命造為例，讓大家明瞭「五行流通」對命運的影響：

乾
造

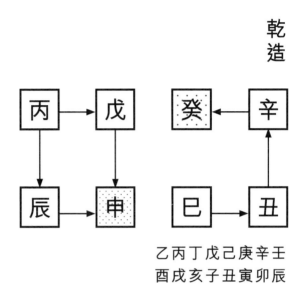

乙丙丁戊己庚辛壬
酉戌亥子丑寅卯辰

此以火為源頭，流止至金水之方。更妙月時兩火之源，皆得流通，至金水歸局。所以富有百萬，貴至二品，一生履險如夷。

乾
造

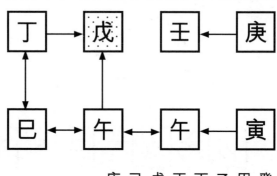

庚 己 戊 丁 丙 乙 甲 癸
寅 丑 子 亥 戌 酉 申 未

此以木生火為源頭，流止至日元戊土之方，遭月干壬水阻隔不能流至金。土金運能助戊土流通向金，故業同秋水春花盛。一交丙戌，支會火局，土不能流至金，破耗異常，又尅一妻二妾四子。至丁亥運，干支皆合化木更生旺火，孤苦不堪，削髮為僧。

2. **順流與逆流：**

「五行流通」有「順流」與「逆流」兩種形式，現舉一例以說明之。

例：在「木」為日主的命局，五行流通所經的路綫是由木生火、火生土、土生金，一路無阻隔，便稱為「順流」。相反地，若命局內五行流通所經的路綫是水生木，或金生水生木，或土生金生水再生木，一路無阻，則稱為「逆流」。

3. **身旺喜順流：**

身旺之命，如能順流到食傷、或財、或官殺而停者為喜。

例如命局是比劫多而致身旺者，可用食傷為用神，讓身旺順流到食傷而停，如能再順流到財或官殺，亦可喜可賀。

若**身旺比劫多，但食傷與財星衰弱者**，再行比劫或印運，便形成身旺逆流到印身而停，主凶。

倘若**身旺而食傷多**則用財，從而使身旺能通過食傷再順流到財而停。身旺食傷多，即使再行印運，為印生身再生食傷，仍舊是印生身生食，順流到食傷為止，故主吉。

基本上凡是**印身食三者俱旺**的命局，一生都沒有忌運，是只有好運的好命造。

若命局是**身旺財多**，必須用食傷通關，使其五行流通，形成「身旺順流到財」而停之象才主吉，否則身財相戰，遇上「背運」，令五行走向更不平衡而主禍。如行財運時，形成財更重而身更弱，身弱則不能任財而有災；如行比劫運時，則比劫旺而導致比劫爭財，主妻、財之禍。

4. 身弱官殺旺喜逆流：

身弱官殺旺，加上印弱或缺印者，以印星為用神，命喜逆流，使命局成「官生印生身」，或「財生官生印生身」逆流而止為喜。若順流到食傷為止，稱為尅洩交加。若順流到財為止，則會形成身弱，食財殺一路相生，官殺源遠流長，日主更弱，主傷殘貧賤。

身弱財多，宜用比劫幫身奪財，有時也可用印，不能用食傷或官殺。食傷生財財更多，則忌神更旺，主災。若順流到官殺，則成身弱官殺旺之象。

身弱食傷多，若用印生身再生食傷，會有生旺食傷之嫌而加重食傷不能流通的病（但若印本身在命局已存在，已在發揮貼身制衡食傷的效用，只是不夠力去尅制過多的食傷，則另作別論）。或用比劫幫身，亦一樣會生旺食傷而加重食傷不能流通的病。若用財，固然能使過旺的食傷順流生財，然而日主始終身弱難任食傷所生的旺財，故日主實在也不喜順流。所以身弱食傷過旺的人，一生較難有好運，忌運的日子比較多。食傷代表「思想」，身弱食傷多便是那些「自作聰明」及「聰明反被聰明誤」的人。

第三節　給中國、香港批批命

五行流通取用神法，是最簡單快速而準確的取用神技巧，一般命理書都涉及得很少，為了加深大家的了解，我以中國及香港兩個八字給大家稍作分析。

西曆一九四九年十月一日未時：

```
              己  癸  甲  辛
              丑  酉  子  未

大運：
        52  甲戌
        62  乙亥
        72  丙子
        82  丁丑
        92  戊寅
        02  己卯
        12  庚辰
        22  辛巳
        32  壬午
        42  癸未
```

中華人民共和國

從年干支己丑土起源，生月支酉金，酉金生月干日支癸子水，兩股強大的水來生日干甲木，土金水木順流而行，至甲木為薈萃之點。甲木無力化洩強大水勢，取同類木來幫忙，故用神首取木。木旺時遇火即五行流通有氣，故木旺時火亦為用神，土、金、水為忌神。

木尅土，國家所尅（管治）者，人民也。土為忌神，則若歲運土旺，易生民運或暴動。

- 七九年己未年己巳月，天安門爆發北京之春大規模示威運動。
- 八九年己巳年己巳月，天安門發生六四大規模學生運動。
- 九九年己卯年己巳月，北京出了法輪功事件。

水生木，水為印星主權，水為忌神，則若歲運水旺，易生權力鬥爭的災害，或當權者下崗甚至死亡。

- 十年文革（六六年至七六年）。
- 前五年為亥水運（與年支日支三會水局）。
- 後五年為丙火運，丙火與時干辛金合拱水，用神火被合為凶。

中華人民共和國亦大忌丙火被合流年，因為丙火吉神被合去之故。

- 五六年丙申流年，百花齊放，百家爭鳴運動，為長達二十年的反右派運動揭幕。
- 六六年丙午流年，文革十年的開始，國家主席劉少奇被批鬥。
- 七六年丙辰流年，周恩來、毛澤東相繼逝世。
- 八六年丙寅流年，學生在全國展開民主遊行，黨總書記胡耀邦因處理失策而下台。
- 九六年丙子流年，鄧小平病重。

金生水，水既為忌，則歲運金旺時，權力鬥爭必也劇烈。金為忌神，金亦代表金融經濟，則歲運金旺時，經濟會較差。歲運木火旺時，經濟較好。

- 六一、七一、八一、九一年，流年天干均為辛金。是年經濟增長均比其對上三年及對下三年差。

西曆一九九七年七月一日子時：

丁 丙 甲 甲
丑 午 辰 子

大運：

2 丁未
12 戊申
22 己酉
32 庚戌
42 辛亥
52 壬子
62 癸丑
72 甲寅
82 乙卯
92 丙辰

香港特別行政區

從時支子水起源，生時干日干甲木，甲木生月干支及年干火，火再生年支日支土。水木火土順流而行，全局形成土旺，故用神首取金。金旺時亦需要水來助五行流通，故金旺時水亦為用神，土、火為忌神。

木尅土，政府所尅（管治）者，人民也。土為忌神，則若歲運土旺，易生民運或暴動。

一 零三年癸未年戊午月，七一大遊行，五十萬人參加。

土亦為財星，土旺歲運香港必財多身弱，經濟必先吉後凶（先得財後失財），大起大落。此為命局土旺金缺之故。

— 土亦代表房地產，土為忌神對香港房地產有何啟示？為甚麼樓市在九七年（丁丑年）及二千年（庚辰年）皆大升然後跌市？為甚麼零三年（癸未年）樓市於SARS後馬上回呢？為甚麼零六年（丙戌年）樓市初段大升呢？

水生木，水為印星主政府的管治權及威信，水偏弱及不透干，代表政府管治威信低。於歲運金水旺時，政府管治較容易。水被尅制時，易生民運或暴動。故於零三年癸未年戊午月，七一大遊行，五十萬人參加，亦可謂「時也、運也、命也」。

第三部：終日乾乾

第三章：論地支會合沖刑、天干合化

地支之會、合、沖、刑，是命理生尅制化的重要表現形式，若不能正確地掌握，根本沒有可能準確地論命。

第一節　論地支相沖

地支是根據方位而來的，十二地支代表東南西北四個方向，每個方向由三個地支所代表。地支單獨不會產生大的作用，地支因方位的對立而論沖。地支論沖，不論尅。沖者，戰也。大多數命理書都是見合論吉，見沖論凶，其實這是不對的。地支相沖，有吉有凶，絕對不能一概而論。

(i)　根據五行喜忌及強弱定吉凶

　　根據日主的五行喜忌，及相沖五行的強弱對比，推論吉凶禍福。在相沖中，若強旺戰勝者為日主所喜用，主吉；若強旺戰勝者為日主所忌，主凶。

在一般情況下，子午相沖，應該是子水勝午火（子水既沖且尅午火），但若在命局中丁火強旺，例如甲乙寅卯丙丁巳午多者，火得生助而水受尅洩，相沖的結果反而是子水敗午火勝。

若相方的旺衰強弱差別不大時，例如命局中金木強弱相近，申沖寅者，寅木敗（因申金既沖且尅寅木），但若是兩寅甚至三寅沖一申，則寅捷勝申挫敗。

(ii) 相沖看地支類別

> 陽支動且強，速達顯災祥。陰支靜且專，否泰每經年。
>
> 生方怕動庫宜開，敗地逢沖仔細裁。

寅、申、巳、亥，四生之地，生發之初，氣尚微弱，逢沖則壞，故忌沖。

辰、戌、丑、未，四庫之地，本氣相同，其相沖本氣無損，反而聚旺。土若非為忌，應無大礙。四庫中支藏之氣，若沖出而為我所用者主吉，若沖出後被尅掉，則需看其本為吉或凶以決定其結果。

子、午、卯、酉，為四正之地，亦稱四咸池地或四敗地，其氣專純且盛，逢沖最為激烈，吉凶最易應驗，須仔細推斷。

(iii) 相沖看遠近

鄰近相沖力最大（被沖地支本身力量減50%），左右夾攻沖力更大（被沖地支本身力量減80%）。與鄰近相沖比較，隔沖力較弱（被沖地支本身減力量33%），遙沖力甚微弱（被沖地支本身減力16%）。

(iv) 相沖看六親

以男命為例，沖印不利母，沖財不利妻，沖偏財不利父，沖官殺子女有禍，沖比劫災禍在兄弟。

(v) 見沖而不沖

地支逢沖，若中間有物通關調解使五行順生，不以沖論。如命局中子午本為隔位沖，若中關有卯木或寅木通關，則以五行順生論，不以沖論。

若沖者先受制或被會合，便無力相沖。如流年的子水本可沖命局的午火，但被大運的丑土所合，則不以沖論。

(vi) 合局相沖

兩個六合局合化成功，如果兩局的五行相沖尅，則成為兩個六合局相沖尅。例如：**丙戌年、丁卯月、庚辰日、己酉時**，地支卯戌合火得丙丁引化，地支辰酉合金得庚金引化，成為六合火局和六合金局相沖尅。

三合或三會若合化成局，沖尅日柱，危害極大。

第二節　論地支會合

1. 地支六合

地支六合，即子丑合土，辰酉合金，巳申合水，寅亥合木，卯戌合火，午未合日月。如果中間隔一支或兩支均不能作「合」，必須兩支緊貼相鄰，方可作「合」。此外，有「合而能化」與「合而不化」的分別。

原則上，被合化為其他五行的地支，在原命局中都必須是衰弱無力，不能獨立自主。如果任何一個五行有足夠的獨立能力，根本就不會放棄自己的五行屬性而變化為別之五行。事實上，絕大多數命局中的地支六合都是合而不化的。

若合而不化，被合兩支仍會在命局起生尅作用，不過其生尅的力量較原來為小，因合而絆住之故。

命局如果有合而不化的組合，容易令五行阻塞而不流通（因合而絆住之故）。好的方面是較少與人爭執，但其為人亦多鬱結，常感懷才不遇，身體五行亦不暢通而較易有毛病。

地支五行旺相條件有：

1. 地支看透干；
2. 天干有比劫幫扶；
3. 地支有合化生旺；
4. 得令；
5. 蓋頂天干生扶。

以上條件越多附合，則該支藏天干越旺，得其一者也不為極弱，一條也沒有者則該藏干為孤立無助。

子丑合化土：天干透壬癸則不化，透戊己化神兼且子水衰弱則論化。

寅亥合化木：天干透壬癸則不化，透甲乙化神兼且亥水衰弱則論化。

卯戌合化火：天干透戊己則不化，透丙丁化神兼且卯木衰弱則論化。

辰酉合化金：天干透戊己則不化，透庚辛化神兼且辰土衰弱則論化。

巳申合化水：天干透丙丁庚辛皆均不化，
透壬癸化神兼且巳火申金衰弱則論化。

午未合化火：天干透戊己則不化，透丙丁
化神兼且未土衰弱則可論化。

2. 地支三合

三合是五行十二長生宮的長生、帝旺和墓
庫三個宮位之合。**只要天干透出化神，三
個地支同時出現便可成局**。成局後的力量
非常巨大。如果天干不透化神，則是合而
不化，只論互相牽制，而各自透出天干的
藏干均仍可以通根論之。**命中合而不化，
遇歲運有引化物時可化，但歲運過後依舊
合而不化**。

地支除了合之外，還有沖會刑害等因素，所以還需看以下法則。

1. 地支逢支沖：沖支混於三合局中而與旺支貼身相沖為破局。如申子辰水局遇午火混於其中沖水；亥卯未木局遇酉金混於其中沖卯；寅午戌火局遇子水混於其中沖午；巳酉丑金局遇卯木混於其中沖酉。若沖支處於三合局以外而緊貼旺支，則合局與損局兼論。

2. 地支逢六合：地支出現三合局的時候，如果同時出現一個地支與三合局的任何一地支產生六合，除非兩合局均屬同一化神（如寅午戌、午未均合化火），否則只論三合局而不論六合。

   三個地支同時出現是三合局。如果只出現其中兩個而緊貼相鄰，稱為半合或拱合。半合是指帶旺支之合，拱合是不帶旺支之合。

> **暗三合局**
>
> 壬卯未、亥乙未木局,甲午戌、寅丁戌火局,
> 丙酉丑、巳辛丑金局,庚子辰、申癸辰水局。

3. 地支三會

三會局必須三支齊全才可論成局。三會局是各種合局中力量最強大之合,遇到任何沖刑,均不論破局,只論損耗其多餘的力量而已。

地支三會局,只要天干透出化神,都可以論化。天干不透出化神則是合而不化。遇歲運有引化物時可化,但歲運過後依舊合而不化。

第三節　論地支相刑

三刑生於三合，合中三刑，猶如夫妻相合，而反致刑傷，故傳統論命遇刑多作凶論，其實這是不對的。在實踐正五行論命時，一個命局的吉凶，完全取決於五行的生尅制化與流通之理。三刑雖多主不利，但它也與地支相沖一樣，有凶有吉。其所以言吉或言凶，並不能只牽強地看成三刑所致，基本上三刑是吉是凶，必須結合五行喜忌而論。凡五行為忌神並帶三刑來尅日主或用神，必有災咎。

「刑」不比「沖」推斷的直接，「沖」可看成是簡單的地支藏干相尅，而「刑」則較為複雜，有的是支中藏干相尅（如申寅、巳申之刑），有的是支中藏干相生（如寅巳、子卯之刑）、或相比（如丑未戌三刑，及酉、午、辰、亥自刑）、或相合（如巳申之刑）。論命時要弄清楚地支相刑的性質，必須仔細推斷藏干的五行生尅制化對日主的影響。

(i)　根據藏干相尅相沖論刑

如申寅、巳申之刑，本身就是相沖尅。丑未之刑，本身就是相沖。本類三刑，一律按相沖論禍福便是了。

(ii) 根據藏干相合論刑

如巳申之刑，本身就是六合水局。若合化成功，則按六合水局在命局，對日主的喜忌而論禍福。若合而不化，則作巳火尅申金而論其藏干受尅的吉凶。

(iii) 根據藏干相生論刑

如寅巳、子卯之刑。此類三刑，以日干或命局喜忌為標準而論。如寅巳相刑是木生火，寅木被洩氣而巳火受益，因此日干喜巳火則利，喜寅木則不利。

(iv) 根據藏干相比論刑

如辰辰、午午、酉酉、亥亥之刑。此類自刑無甚生尅制化，只是辰辰土聚而土旺，午午火集而火強等等。例如：若遇辰辰自刑而日主喜土則吉，忌土則不利，但若日主命中多水為忌，有一辰土水庫收之，在命中尚無大礙，歲運一遇辰辰相刑，刑開水庫，則水過旺為災。

(v) 根據藏干主氣相比而餘氣相剋論刑

如丑戌相刑，除了按「土聚而旺」來定吉凶外，亦要按戌中丁火剋丑中辛金，丑中癸水剋戌中丁火而論，剋者為喜則吉，為忌則凶。

(vi) 根據寅巳申排列位置論刑

若「寅巳申」緊貼而巳申不能合化水，以寅木生巳火剋申金論之。若巳申能合化水，則以巳申六合水局生寅木論之。

若「寅申巳」緊貼而申巳不能合化水，以巳火剋申金剋寅木論之。若申巳能合化水，則亦以六合水局生寅木論之。

其他排列位置的推斷，亦如上例。

第四節　論天干合化

1. 天干五合

天干五合，即：

1. 甲己合：正化則化土、夫從妻化亦化土、妻從夫化則化木。
2. 乙庚合：正化則化金、夫從妻化則化木、妻從夫化亦化金。
3. 丙辛合：正化則化水、夫從妻化則化金、妻從夫化則化火。
4. 丁壬合：正化則化木、夫從妻化則化火、妻從夫化則化水。
5. 戊癸合：正化則化火、夫從妻化則化水、妻從夫化則化土。

天干暗五合為甲午（甲己合）、丁亥（壬丁合）、戊子（戊癸合）、辛巳（丙辛合）、壬午（壬丁合）。以甲午合為例說明「暗五合」的形成，甲午暗合是甲與午中藏干的己合，故甲午暗合土，其餘如此類推。

天干五合、天干暗五合，皆有合而能化與合而不化的分別。

2. 合化條件

兩個天干，必須乎合以下一至四點或第五點，才稱得上是合化。

1. 合化之兩干相鄰；
2. 化神得令或地支會合成化神；
3. 天干沒有出現尅制化神的五行；
4. 被合化的天干本身失勢（沒有比劫）、失地（沒有根氣）和失令；
5. 歲干或運干與命局的其他天干逢合，如果歲支或運支能生旺化神則可論化。

原則上，被合化為其他五行的天干，在原命局中都必須是衰弱無力，不能獨立自主的。如果任何一個五行有足夠的獨立能力，根本就不會放棄自己的五行屬性而變化為別的五行。

化神可指正化之化神（如丙辛合，正化則化水，水為正化之化神）、夫從妻化之化神（如丙辛合，夫從妻化則化金，金為夫從妻化之化神）、或妻從夫化之化神（如丙辛合，妻從夫化則化火，火為妻從夫化之化神）。

一般來說，化神不能被制或被洩氣。天干也不能出現爭合情況，尤其是當多出了的天干與化神五行不同的時候。

合而不能化的兩個天干將會互相牽制，不會再與其他天干發生任何生尅的關係，然而歲運爭合則另作別論。

3. 合化吉凶用事

合化的吉凶總原則，是「合去喜神合來忌神」為凶為災，而「合去忌神合來喜神」則為喜為福。如甲日主身旺，以辛金為官而干透丙火，合去喜神辛官，合來忌神水印，則此合為忌。

論化格：化得真者只論化，化神還有幾般話。

如甲日主，生於四季，單透一位己土在月時上合之，不遇壬癸甲乙戊己，而有辰字乃為化得真，又如丙辛生於冬月，戊癸生於夏月，乙庚生於秋月，丁壬生於春月，獨自相合，又得龍以運之，此皆真化矣，又論化神，如甲己土，土陰寒，要火土昌旺，土太旺，要用水為財，木為官，金為食傷，隨其所向，論其喜忌，再見甲乙，亦不可以爭合妒合論，蓋化真矣，如烈女不更二夫，歲運遇之，皆閑神也。

摘自《滴天髓》

自古命理學家一般相信，合化成格者，為功名顯達。這觀點也是以偏蓋全，不能盡信。

第三部：終日乾乾

第四章：形象氣勢論命法、論從弱格、十神全局論命法

第一節　形象氣勢論命法

凡八字者，五行成象最吉，多主富貴雙全。如命局原本不能成象，行歲運助其成象亦主吉。

何謂成象？命局成象須要成象的各種五行，數量輕重相約並且流通相生。例如兩行成象要兩行輕重相約並且流通，三行成象要三行輕重相約並且流通，四行成象及五行成象也是如此類推。有的命局雜亂無序，五行輕重不均並且互相阻隔，氣亂而不流，即不成象。

如何推斷命局成象的五行宜忌？第一原則：以流通為主。身旺宜順流成象，身弱宜逆流成象。順流者，身食財官之順序，依次流動無阻。逆流者，身印官財之順序，依次流動無阻。第二原則：成象的五行亦絕不宜戰，戰則要通關。第三原則：如命局原本不能成象，行歲運得所需五行助其成象亦主吉。

1. 一行成象（即專旺格）

所謂「一行成象」，是指八字的五行屬性，只有一種。以「曲直格」為例，若四柱之天干只有甲、乙，地支只有寅、卯，又或者命局的干支能會合，化成木局，便可稱為「一行成象」。「一行成象」即專旺格，專旺格以助旺日主的印星和比劫為用神，抑洩日主的官財食為忌神，這已在第二部第二章第三節「五行極端」有所說明。

曲直格：**本象**：木。用神：水、木。忌神：金、土、火。

從革格：**本象**：金。用神：土、金。忌神：火、木、水。

潤下格：**本象**：水。用神：金、水。忌神：土、火、木。

炎上格：**本象**：火。用神：木、火。忌神：水、金、土。

稼穡格：**本象**：土。用神：火、土。忌神：木、水、金。

2. 兩行相生成象

水生木：用神：水、木。**忌神**：土。
木生火：用神：木、火。**忌神**：金。
火生土：用神：火、土。**忌神**：水。
土生金：用神：土、金。**忌神**：木。
金生水：用神：金、水。**忌神**：火。

3. 全象（三行成象及三行以上成象者）

3.1 三行成象（印身食、官印身、身食財）

三行成象須要三行相連而流通無阻才成象，水木火、木火土、火土金、土金水、金水木等都可成為三行成象。如何推斷三行成象的五行宜忌？基本上是以流通為主。身旺宜順流成象，身弱宜逆流成象。

三行成象（印身食、官印身、身食財）中，以「印身食」成象為最好，五行無所不宜，但若相連的三行，不是同在天干或同在地支出現，有個別的在天干或地支，將會破壞命局本身的結構，則另作別論。

「官印身」成象為從旺格，因其命局五行之力全流通至身而止，故成為特殊格局。從旺者本身旺神主吉，所以官印身逆流同時為用。從旺忌洩，所以首忌為食傷財，化洩日主的旺勢。

坤造：（官印身三行成象、真從旺格）

己　卯
丁　丑
己　未
丙　寅

大運：
4　戊寅
14　己卯
24　庚辰
34　辛巳
44　壬午
54　癸未
64　甲申
74　乙酉
86　丙戌

從官印者，官印旺，並且為用神。印主權、官主貴，故必為權貴中人。官至特區律政司。金運洩氣，官運終止。

陳方安生命造(1940)

「身食財」成象者，食財順流，如比劫能得令，身旺則財旺盈庫，錢財遂意之象。身食多則用財，財多則用食傷，均為助成象，輕重調節而已。

水木土、木火金、火土水、土金木、
金水火等，三行雖相連但不流通，絕
不可稱為三行成象，然而若在行歲運
時能得所需的五行而令其變為四行成
象，主吉。

3.2 四行成象

四行成象須要四行相連而流通無阻才
成象。如水木火土、木火士金、火土
金水、土金水木、金水木火等都可成
為四行成象。如何推斷四行成象的五
行宜忌？基本上也是以流通為主。

3.3 五行成象

五行成象須要五行相連而流通無阻才
成象，而最後的五行以不復生第一個
五行才算得上是佳造，如水木火土金、
木火土金水、火土金水木、土金水木
火、金水木火土等都可成為五行成象。
五行成象若能得宜，為各種形象中最
好之象，五行諸運，無運不宜，可以
一生到老都順利。但若個別有天干或
地支將會破壞命局本身的結構，另作
別論。

很多命局雖然也是五行齊全，但雜亂無序，顛倒阻斷，五行不能流動，根本沒有形象可談。

乾造：

丙　己　辛　庚
寅　亥　卯　寅

大運：

庚子
辛丑
壬寅
癸卯
甲辰
乙巳
丙午

從月支亥水起源，水木火土金，順流而行，至庚辛為止。五行循環不息。仁義禮智信俱備，可謂人格完美。月令寒冬，大運早行金水，故須艱苦奮鬥。

孫中山先生

八字根據孫中山先生母親楊太夫人
請算命先生批的訂婚庚帖遺物，準確可靠。

第二節　論從弱格

何謂從弱格？即日主孤立無氣，四柱無生扶之意，而滿局剋、洩及耗損之神，日主不得已而從之。

> **從象論：從得真者只論從，從神又有吉和凶。**
>
> 日主孤弱無氣，天地人元絕無一毫生扶之力，財官強甚，乃為真從也，當論所從之神，如從財即以財為主，財神是木又要看意向，或要火要土要金而行運得所者必吉，否則凶，餘皆仿此。
>
> **假從論：真從之家有幾人，假從亦可發其身。**
>
> 日主弱矣，財官強矣，不能不從，中有所助，及暗生者，從之不真，至於行運財官得地，雖是假從，亦可助富貴，但其人不能免禍，或者心地不端耳。

> **天干論：五陽從氣不從勢，五陰從勢無情義。**
>
> 五陽得陽之氣，即能成乎陽剛之事，不畏才煞之勢，五陰得陰之氣，即能成乎陰順之義，故木盛則從木，火盛則從火，金盛則從金，水盛則從水，土盛則從土，於情義之所在者，見其勢衰則忘之矣，蓋婦人之情如此，若得氣順正，亦未必從勢而忘義，雖從其性，亦必正者矣。
>
> 摘自《滴天髓》

1. 從官殺格

命局日干以外其他干支皆為日主的官殺或官殺氣勢強旺。日主衰弱無依，官殺一氣專旺，沒有能破格的印星、比劫或食傷。例如：癸卯、乙卯、戊辰、甲寅。

從官殺格以官殺及財星扶旺官殺格局為用神。財星同時有生旺官殺及抑食傷的效用，故從官殺格最喜財旺之鄉，遇之不但功成名就，而且一生無大災。

忌日主有根或行比劫的歲運，更忌食傷的歲運。

2. 從財格

命局日干以外其他干支皆為日主的財星或財星氣勢強旺。日主衰弱無依，財星一氣專旺，沒有能破格的比劫、印星或官殺，例如：戊辰、己未、乙丑、丙戌。

凡從財格必要食傷，因為食傷能生旺財星並洩比劫之氣。從財格若能得食傷，主功名顯達。若命局無食傷，歲運逢比劫爭奪財星，必起刑傷。

忌日主有根或行比劫歲運，亦忌印星歲運，但喜見官殺歲運，因官殺有尅制比劫的效用。

3. 從兒格

命局日干以外其他干支皆為日主的食傷或食傷勢強旺。日主衰弱無依，食傷一氣專旺，沒有能破格的比劫、印星或官殺。例如：丁巳、丙午、甲戌、丙寅。

凡從食傷必要見財星，因為財星能尅制印星，以防印星破格。

忌日主有根或行比劫的歲運，亦忌印星的歲運，也忌官殺歲運洩食傷之氣。

> **順局論：從兒不論身強弱，只要吾兒又遇兒。**
>
> 此與從象成象傷官不同，只取我生者為兒，如木遇火成氣象，不論日主強弱，而又看火能生土氣，又成生育之勢，此為一氣流通、必然富貴矣。
>
> 摘自《滴天髓》

4. 從印格

命局日干以外其他干支皆為日主的正偏印星，或正偏印星氣勢強旺，表面上形成極端的母慈滅子，日主極盡衰弱無依，正偏印一氣專旺，沒有能破格的比劫。例如：壬申、壬子、甲子、癸酉。

傳統命理學並沒有從印格，但事實上從印格絕對是有的。如以上的命造，當事人極好學、品學兼優、聰明自信、多才多藝、有責任心上進心、母緣及長輩緣份俱佳，是最好的以印星為用的從印格例證。

5. 兩氣從格、三氣從格

日主衰弱無依。命局日干以外其他干支皆為日主的食傷、財星或官殺，並且形成兩氣（三氣）成象流通強旺之勢。命局亦無能破從格的比劫及印星。例如：甲辰、壬申、戊子、甲寅（鄧小平）。

乾造：（真從格、忌火土）

甲辰
壬申
戊子
甲寅

大運：

6　癸酉
16　甲戌
26　乙亥
36　丙子
46　丁丑
56　戊寅
66　己卯
76　庚辰
86　辛巳

滴天髓云：從得真者只論從，從神又有吉和凶。

六六年文革遭難。

六七年火流年文革遭難。

八零、八一年金流年大運控制大局。

九二年金水流年，南巡講話，確立經濟新模式。

鄧小平先生命造(1904-1997)

第三節　十神性格溫習

1. **比肩是與日主陰陽五行性質相同的天干：**
   性格不穩定，不易堅持，自我性強。

2. **劫財是同日主的五行，與日主陰陽性質相反的天干：**客氣，自大，絕不吃虧，個性剛強，執着堅持，精明幹練。

3. **正印是生日主的五行，與日主陰陽性質相反的天干：**有涵養，好學，心地善良，重權重責，勞心勞力。

4. **偏印是生日主的五行，與日主陰陽性質相同的天干：**重視精神生活，好術，做事愛理不理，有始無終，多疑。

5. **偏財是與日主陰陽相同而被日主所尅的天干：**慷慨豪爽，不計小節，做事帶有以利為主的策略性，性喜冒險，貪情多慾。

6. **正財是與日主陰陽相異而被日主所尅的天干：**為人誠實儉約，有理財能力，吝財，性喜平安，平常是福，夫妻圓滿。

7. **正官是尅日主的五行，與日主陰陽性質相反的天干：**善於自制，誠實守法，明哲保身，保守而少錯，溫和謙恭，文靜內向。

8. **七殺是尅日主的五行，與日主陰陽性質相同的天干：**多交損友，喜酒色財氣，性偏激叛逆，豪邁直言，膽大妄為，急躁，好爭執好破壞，是個外勇內怯，多疑，自責，憂鬱之人。

9. **食神是與日主陰陽相同而被日主所生的天干：**性情溫和中庸，氣度寬宏，有口福，身心愉快，才華發露，長壽之人。

10. **傷官是與日主陰陽相異而被日主所生的天干：**多才多藝、擅口才。不守規矩、具叛逆性、心高傲物、鋒芒太露。

第四節　十神全局論命

傳統命局只有正官格、七殺格、正印格、偏印格、正財格、偏財格、食神格、傷官格、建祿格及羊刃格等十個格局，並且就每一個格局去生搬硬套一些固定的用神。由於這十個格局的分類，只道出命局的局部形象，並非十神在全局分佈的形象，故其捉用神方法，準確度既低且極難掌握，自古至今實在是誤人太深了。有見及此，我在此提出**十神全局論命法**。以眾十神對日主引發的互動作用，和十神之間的互動作用，自創一套既完整又精確的歸納描述。我在這裏以這套心法描述其中一部份的形象，共十一個，相信您們略為玩味一下，便可心領神會了。

1.　財多身弱：

財星重，日主弱難以任財。逢比劫必發財、逢財必破財、男命畏妻如虎。

性情方面，因身弱而賦性溫和，事事客氣，做事不能堅持，難吃苦，欠缺決斷力，做事往往中途而廢。少責任感，意志力不強，易受人左右。因財多而為人慷慨喜交際，注意生活享受，多慾，喜新厭舊。想象力豐富，實踐力不足。

2. 比劫爭財：

財星弱，日主強旺尅財太甚，又無食傷流通生財。逢比劫必破財，逢食傷生財主富、男命易幾度姻緣。喜食傷，忌比劫及印星。歲運若不能尅制比劫，勞碌一生。

性情方面，因身旺而個性剛強，執着堅持，不聽人言，做事任性而為，欠深思，好管閒事。實踐力強，但有勇無謀。爭財故喜投機，求財野心大，好賭，但逢賭必輸。

3. 身旺財多：

財星重，日主強旺能任財，成兩行相尅成象。一生錢財稱意。逢食傷通關流通順生必發財、逢比劫及印星主破財。

性情方面，因身旺而個性剛強，執着堅持，精明幹練，實踐力強。財星強旺故性喜冒險、貪情多慾。

4. 母慈滅子：

日主弱本喜印，但印星滿盤，日主承受不起，過猶不及，形成母慈滅子。歲運逢比劫主吉。否則一生有志難伸，常有懷才不遇之感，為商則難成氣候。

性情方面，因印星過旺，溺愛太多，反使日主抑壓無助。心性鬱悶不開朗，易悲觀，自尋煩惱，常失眠。甚者個性較遲鈍，心智不清，愚鈍、精神衰弱。因身弱而賦性溫和，事事客氣，做事不能堅持，欠缺決斷力，難吃苦，做事往往中途而廢。

5. 印多身旺、食傷洩秀乏力：

印多身旺，食傷洩秀乏力。先天條件好但食傷等未能順利洩秀，常有懷才不遇之感，是孤貧之命。遇大運生旺印身剋洩財（配偶星）時，更是生離死別。若逢強旺的食傷流年大運流通順生，則能大展雄圖，英雄遇時勢。

性情方面，因印星旺生比劫，有涵養、好學、心地善良。重權、重責、勞心勞力。因身旺而個性剛強、執着堅持，不聽人言，做事任性而為，欠深思，好管閒事。實踐力強，但有勇無謀。

6. 身印均旺、傷食貼身有根：

身印均旺、傷食貼身有根，印身食成象為三行成象，五行諸運，無運不宜。故必能大有成就、女命亦能為女中豪傑。

性情方面，因印星旺生比劫，有涵養、好學、心地善良、重權、重責。因身旺而個性剛強、執着堅持、實踐力強。因食傷旺故才華發露、多才多藝、擅口才、有計謀。有印故能英華外發而知收斂、聰明而知禮。食傷亦主有口福、身心愉快、長壽。

7. 身旺食傷生財：

身旺食傷生財：身食財三行成象，食財順流，如比劫能得令，身旺則財旺盈庫，錢財遂意之象。身食多則用財，財多則用食傷，均為助成象，輕重調節而已。

性情方面，因身旺而個性剛強、執着堅持、實踐力強。因食傷旺故身心愉快、才華發露、多才多藝、擅口才、有計謀。財旺故慷慨豪爽、不計小節、做事帶有以利為主的策略性、長袖善舞、會做生意。性喜冒險、貪情多慾。

8. 身弱食傷無制：

日主弱，食傷強旺無制，無印星制尅或印星太弱無力尅制。生性好動、不甘穩定、平生勞累奔波。因食傷尅官殺，故易藐視法紀、頻惹小人口舌是非。女命則尅夫無子。

個性方面，因食傷無制，多才多藝、擅口才、喜怒形於色、有話藏不住、快言快語乏收斂，故人際關係欠圓滿，容易得罪別人。不守規矩、具叛逆性、心高傲物、鋒芒太露。因身弱故做事不能堅持、難吃苦、做事往往中途而廢。

9. 身弱官殺旺無印：

身弱官殺旺無印，日主弱忌官殺，官殺尅身肆虐，健康欠佳、多禍災、非貧則夭。

個性方面，因身弱故做事不能堅持、難吃苦、做事往往中途而廢。官星太旺，精神萎靡不振、行事消極、懦弱怕事、服從心強、守法。殺太旺者，好爭執、外勇內怯、多疑、憂鬱、酒色財氣、多遇小人及惡勢力等。官殺混雜的人，性情不定、沒主見、易受人左右。

10. 日主旺財官雙美：

財官雙美，加上日主強旺能任財官，一生錢財稱意，官運尤為亨通，可謂一生福祿富貴優游（若身弱財官旺，反主終生寒微）。歲運五行宜忌，基本上也是以能做到流通為主。故逢食傷或印星通關皆能流通順生，必發財發貴。

性情方面，因身旺而個性剛強、執着堅持、精明幹練、實踐力強。官旺善於自制、誠實守法、明哲保身、保守而少錯。温和謙恭、文靜內向。財旺為人有理財能力、夫妻圓滿。

11. 身旺財官印相生：

財生官殺生印旺貼身，四行相連而流通無阻形成四行成象。決斷能幹、大有成就、為官顯貴，既富且貴之象。如何推斷四行成象之五行宜忌？基本上也是以能做到流通為主。

性情方面，因印星旺生比劫，有涵養、好學、心地善良、重權重責。因身旺而個性剛強、執着堅持，實踐力強。官旺善於自制、誠實守法、明哲保身、保守而少錯、温和謙恭、文靜內向。財旺為人有理財能力、夫妻圓滿。

第四部：或躍在淵

第四部：或躍在淵

第一章：論陰險小人、大奸大惡

第一節 《滴天髓》的性情論、奮鬱論

性情論：

五行不戾，惟正清和，濁亂偏枯，性情乖逆。

五行在天，為金木水火土之氣，在人為仁義禮智信之性，五氣不乖張，則其存於人之性，發於外為情，莫不清和矣，反此者乖戾。

火烈而性燥者，遇金水之激。

火烈而性燥，若能順其性，則光明磊落，遇金水激之，則燥急不可禦，反激而成患矣。

水奔而性柔者，全金木之神。

水順而奔，其性至剛至急，惟有金以行之，木以納之，則柔矣。

木奔南而軟怯。

木之性，見火而慈，奔南則仁之性行於禮，其性軟怯，得其中者為惻隱，得其偏者為姑息。

金見水以流通。

金之性最方正，有斷制，見水則義之性行於智，而元神不滯，得氣之正者，是非不苟，有斟酌，有變化，得氣之偏者，必泛濫流蕩。

最拗者，西水還南。

西方之水，發源最長，氣勢最旺，無土以制之，木以納之，浩蕩之勢，不能順行，而反行南方，則逆其性而強拗難制。

至剛者東火轉北。

東方之火，其燄炎上，局中無土以收之，水以制之，焚烈之勢，若不能順行，反行北方，則逆其性而剛暴。

順生之機，遇擊神而抗。

如木生火，火生土，一路順其性序，自相平和，遇擊而不能遂其順生之性，則抗而躁急。

逆折之序，見閒神而狂。

木生於亥，見戌酉申則氣逆，非性之所安，又遇閒神，若巳酉丑逆之，則必發而為狂猛。

陽明遇金，鬱而多煩。

寅午戌為陽明，有金氣伏於內，則成其鬱，而多煩悶。

陰濁藏火，包而多滯。

酉丑亥為陰濁，有火氣藏於內，則不能發揮而多濕滯。

羊刃局，戰則逞威，弱則怕事。傷官局，清則謙和，濁則剛猛。用神多者，性情不常。支格濁者，作為多滯。

凡此皆性情之異，喜惡之殊，不得以日主論，凡局中莫不有性情，觀其情性，可知施為，觀其施為，可知吉凶。

奮鬱論：

局中顯奮發之機者，神舒意暢，局內多沉埋之氣者，心鬱志灰。

陽明用事，用神得力，天地交泰，神顯精通，大都奮發，陰晦用事，情多私戀，主弱臣強，神暗精洩，大抵困鬱。純陽之勢，身旺而財官旺者必發，純陰之局，身弱而官煞多者必困。

摘自《滴天髓》

第二節　論陰險小人、大奸大惡

看人的性情，除可用十神全局論命法推論外，還可由以下的角度看：日主強弱、陰陽中和、寒燥中和、五行中和、十神取捨、沖合的變化、及流通的順逆等。

從日主強弱看：

1. 身旺太過者，脾氣暴燥、喜怒無常、主觀強、性情粗獷、膽大妄為、氣盛好鬥、不顧後果。

2. 身弱洩氣太過又缺印者，懦弱、無主見、隨風倒、沒耐性、幼稚愚昧、陰沉、拖泥帶水、行動少實多虛。是忘恩負義的普通小人。

3. 從旺格者則篤實善良。

從陰陽看：

1. 陽正之氣，光明正義。陰濁之氣，卑鄙奸詐。

2. 四柱純陽，心直口快，外向好勝。

3. 四柱純陰，口是心非，內向，愛暗地裏玩弄陰謀。

4. 四柱純陰遇沖刑，損人利己，陰險奸滑詭詐。

5. 四柱純陰再加上水旺，極度狡猾陰險。

6. 四柱純陽遇沖刑，心術不正，毫無正義感。

依寒熱看：

1. 依寒暖燥濕看性格：過寒者往往是待人冷漠無情，過燥者往往是性急心焦。

2. 外陽內陰，陽氣伏於陰氣的命造，主人品不端，表面光滑而內心險惡。見富貴而生諂容，見貧窮而生嬌態。

3. 陽氣（熱）屬仁，陰氣（寒）屬貪。陽多陽盛主仁，陰重陰盛主貪。

4. 地支全是陰寒之氣者，奸猾詭詐。

5. 命局寒氣森森，天干丙辛合，丙火官星受制受傷，致使全局成濕寒一片，陰險卑鄙。

依五行中和看：

1. 五行中和，性情溫和；五行偏枯，性情偏激。

2. 五行流通無阻的命局，一般性情較平和。

3. 五行均停和順者，廉恭仁厚。
4. 命局金砍木，不仁不義，是典形大奸人。
5. 命局水尅火，常招是非。
6. 命局缺木，多為不仁。木主仁，無木則無仁。

從十神取捨看：

1. 財官印食是正神，若為喜為用，正直謙和。若財官印食為忌為病，表面和氣內奸詐。
2. 身旺正財及官星被沖尅，因正財為樸實，正官為律己，都全沒有了，是卑鄙小人。
3. 七殺屬於沖動，烈性、犯法奪利、無所不為。
4. 傷官屬於叛逆，越軌，事事敢為。
5. 命中財多，一心想財。
6. 身旺印純無財官，助人為樂無私慾。
7. 身旺印旺為忌，且正偏印混雜，叛國求榮。在命理上，身旺印旺為忌且正偏印混雜的人，利己主義嚴重，投機，冒險，不按常規出牌，為了個人利益，可以出賣父母、兄弟和朋友。

8. 身弱殺旺財混雜，賣身求榮。

9. 傷殺旺透而身衰無印，易交損友，男盜女娼，淪落黑社會。

10. 劫財旺多為忌，不安本份，吃喝嫖賭。

11. 印被財尅，背義小人。

12. 羊刃七殺並傷官，多屬兇惡之徒。

13. 梟殺（偏印、七殺）兩透或傷殺兩透，外貌謙和但內心狠毒；個性上放縱叛逆，不易尅制自己。

14. 明殺暗劫者（即天干七殺，地支羊刃，同坐一柱），內心奸詐。

15. 身殺兩停（強弱均等，互相對立）無食制，手段毒辣，情義毫無，奸狡狼心。

16. 偏神（劫財、偏印、偏財、七殺、傷官）多，傷官旺，任性而放蕩不羈，易走極端。

17. 命中無印，沒有父母長輩觀念，為大人物者賣國求榮，為常人或小人物者，不認父母，出賣兄弟朋友。

18. 正印財清，財印無礙，能忠於真理，為羣眾服務，不為私利。

19. 身弱又命中無印，命中財多財旺，主一心想着財，貪財忘義。

20. 身旺梟印（偏印、正印）太旺，易奪別人之食，爭強好勝。

21. 身弱殺旺無印，壞人羣中的哈巴狗。

22. 劫財當令又三合刃局，粗暴凶橫又奪財。

23. 偏神（劫財、偏印、偏財、七殺、傷官）旺、多，且近身又為忌，逢迎拍馬。

從沖合的變化看：

1. 五行相生，為孝為忠。

2. 四柱亂戰，不仁不義。

3. 命局多沖尅相戰，身弱懦弱怕事，身旺者急躁勇猛。

4. 刑多者為人不義，愚頑。

5. 八字純陰遇沖刑，損人利己，陰險奸滑詭詐。

6. 八字純陽遇沖刑，心術不正，毫無正義感。

7. 四柱子午卯酉多者，酒色荒淫。

從流通的順逆看：

1. 命運流通有情者，性正情和。身旺五行宜順流：身旺之命直順流到食傷或財，或官殺而停者為喜。身弱喜逆流：身弱官殺旺，加上印弱或缺印者，用印星為用神，命喜逆流，使命局成官生印生身，或財生官生印生身逆流而止為喜。

第三節　八字命例

岳飛（民族英雄，精忠報國）：癸未、乙卯、甲子、己巳。

木旺羊刃成格。木主仁，加上正印財清，財印無礙，故能忠於真理，精忠報國。羊刃成格，身旺劫旺，有沖勁，勇敢，強悍，敢於抗上。以致當宋高宗與宰相秦檜決定妥協投降金國時，敢於不服從，繼續與金作戰，直到接連下十二道金牌，才肯班師回朝，結果被加以「莫須有」之罪而遭殺害。

秦檜（性陰險殘忍，幾殺盡忠臣良將。遺臭萬年之大奸臣？政治上之犧牲者？）：庚午、己丑、乙卯、壬午。

身弱印虛浮無力，背義小人。又偏財成格，多私慾。

賈似道（專權國政，宋朝大奸臣）：癸酉、庚申、丙子、丙申。

假從格，大運火、木之地，故不能從。身弱又不能從，偏財成格旺盛，一心想着財，貪財忘義。天干丙火無根，地支金水成局一片陰寒，外陽內陰，為人極陰險奸邪。又命中缺木，木主仁，無木則無仁。

嚴嵩（專權國政廿年，明朝大奸臣）：庚子、己卯、癸卯、辛酉。

梟（偏印）殺兩透，外貌謙和而心狠毒。又身旺印旺且混雜，叛國求榮。在命理上，身旺印旺為忌且混雜之人，利己主義嚴重，投機，冒險，不按常規出牌，為了個人利益，可以出賣父母，兄弟與朋友。

嚴世蕃（陰險卑鄙，明朝大奸臣嚴嵩之養子）：癸酉、丙辰、辛卯、辛卯。

天干丙辛合，丙火官星受制受傷，至使全局成濕寒一片。又辰酉合化金，印星受傷。全局成金剋木之勢，不仁不義。又卯木為偏財星，官印全受制，身旺剋財，故眼中只有金錢、女色和一切私慾。所以，其人心術不正，陰險卑鄙之極，殘害忠良無數。

洪承疇（賣國求榮？兩朝元老？）：癸巳、壬戌、癸酉、壬戌。

滿局陰濁之氣，卑鄙奸詐。又命中缺木，木主仁，無木則無仁。其命局天干一氣，印旺身強，故以食傷洩秀為用神。命局不見木星洩秀，一生艱苦。早運金地，出身寒微。中運火地，吉中帶凶，雖官致總督，然正逢明朝滅亡，艱苦十分，兵敗降清。至木運洩秀生火，通天地之氣，拜相封侯。

和珅（清朝第一大貪官）：庚午、乙酉、庚子、壬午。

天干庚乙爭合，羊刃成格、地支子午沖，又全局火金、水火俱戰，是為戰局。又命中缺木，木主仁，無木則無仁。木為印，命中無印，沒有父母長輩觀念，為大人物者賣國求榮，為常人或小人物者，不認父母，出賣兄弟朋友。戊子、己丑二十年，威權赫奕，為最盛之時。寅運無沖尚可維持，至辛卯運，四正地四沖全備，被賜死。

袁世凱（狡猾奸險，無情無義）：己未、癸酉、丁巳、丁未。

四柱純陰遇沖刑，損人利己。地支雖然沒有沖刑害，但天干三行各自激戰。又命中缺木，木主仁，無木則無仁。木為印，命中無印，沒有父母長輩觀念，為大人物者賣國求榮，為常人或小人物者，不認父母，出賣兄弟朋友。

曹汝森（大漢奸）：丙子、辛丑、丙申、戊子。

寒氣森森，天干丙辛又爭合水，去助濕寒之氣。又命中缺木，木主仁，無木則無仁。木為印，命中無印，沒有父母長輩觀念，為大人物者賣國求榮，為常人或小人物者，不認父母，出賣兄弟朋友。

汪精衛（大漢奸）：癸未、丙辰、戊申、丁巳。

身旺印旺且混雜，叛國求榮。在命理上，身旺印旺且混雜之人，利己主義嚴重，投機，冒險，不按常規出牌，為了個人利益，可以出賣父母，兄弟與朋友。又日支食神為用被合為財，財為慾望。又命中缺木，木主仁，無木則無仁。

杜月笙（民初、上海黑幫教父）：戊子、庚申、乙丑、壬午（1888年七月十五日）。

陽氣（熱）屬仁，陰氣（寒）屬貪。陽多陽盛主仁，陰重陰盛主貪。地支唯一陽氣午火受尅洩太過，形成命局陰寒之氣過盛，奸猾詭詐。命局乙木弱且被庚金尅合不化，木受制，木本主仁，木弱並受制，較易形成無仁。

第四部：或躍在淵

第二章：論貴賤貧富吉凶壽夭

第一節 《滴天髓》的貴賤貧富吉凶壽夭論

貴賤貧富吉凶壽夭論：

何知其人貴，官星有理會。

官星身旺，而印衛官，忌劫而官能制劫，喜印而官能生印，財星旺而星通達，官星旺而財神有氣，無官而暗成官局，官星藏而財神亦藏，此皆官星有理會，所以貴也，夫論官與論子之法，可相通也，然有子多而無官者，身顯而無子者，亦看刑沖會合，但官星清而身旺者必貴，官星濁而身旺者必多子，至於得象得氣得局得格者，妻子富貴雙全。

何知其人賤，官星總不見。

官星不見者，不但失令被傷也，財輕官重，官輕印重，財重無官，官重無印者，皆是官星不見，中有一位濁氣，則不貧亦賤，至於用神無力，忌神太過，敵不受降，助旺欺弱，主從失宜，歲運不輔，既貧且賤矣。

何知其人富，財氣通門戶。

財旺身強，官星衛財，忌印而財能壞印，喜印而財能生官，傷官重而財神流通，財神重而傷官有根，無財而暗成財局，財露而傷官亦露，此皆財氣通門戶，所以富也，夫論財與論妻之法，可相通也，然有妻賢而財薄者，亦有妻傷而財厚者，須看刑沖會合，但財神清而身旺者妻美，財神濁而身旺者家富。

何知其人貧，財神終不真。

財不真者，不但洩氣被劫也，傷輕財重，財輕官重，傷重印輕，財重劫輕，皆為財神不真也，中有一位清氣則不貧。

何知其人吉，喜神為輔弼。

柱中所喜之神，左右終始皆得其力者必吉，若大勢平順，內體堅厚，主從得宜，縱有一二忌神來攻，亦不為凶，譬之國內安和，不愁外寇。

何知其人凶，忌神輾轉攻。

財官無力，用神無力，不過無所發達，少帶刑尅，至於忌神太多，或刑或沖，歲運助之，輾轉相攻，局內無備禦之神，又無主從，不免刑傷破敗，災難常侵，到老不吉。

何知其人壽，性定元氣厚。

靜者壽，柱中無沖無合，無缺無貪，則其性靜矣，元神厚者，不特靜氣神氣皆全之謂也，官星不絕，財神不滅，傷官有氣，身弱印輕，提綱輔主，用神有力，時上生根，運無絕地，皆是元神厚也，大率甲乙寅卯之氣，不遇沖戰洩氣，偏旺浮泛，而安頓得所者必壽，木屬仁，仁者壽，每每有驗，若貧賤而壽者，以其氣清身旺，或身弱而運行生地，小小安康，食祿不缺耳。

何知其人夭，氣濁神枯了。

氣濁神枯之命，極易看，印綬太旺，日主無著落，財煞太旺，日主無依靠，忌神與喜神雜戰，四柱與行運反沖，絕而不和，靜而不專，濕而滯，燥而鬱，精流氣洩，此皆無壽之命也。

寒暖論：

天道有寒暖，發育萬物，人道得之，不可過也。

陰支為寒，陽支為暖。金水為寒，木火為暖。得氣之寒，遇暖而發，得氣之暖，遇寒而成。寒之甚，暖之至，內有一二成象，必無好處。若五行陽遇子月，則一陽後萬物懷胎，陽乘陽位，可東可西。陰逢午月，則一陰後，萬物收藏，陰乘陰位，可南可北。

地道有燥濕，生成品彙，人道得之，不可偏也。

過於濕者，滯而無成，過於燥者，烈而有禍，水有金生，遇寒土而愈濕，火有木生，遇暖土而愈燥，皆偏枯也，木火而成其燥者，言木火傷官要濕也，土水而成其濕者，言金水傷官要燥也，間有火土而宜燥者，用土而後用火，金燥而宜濕者，用金而後用水。

清濁論：

一清到底有清神，管取平生富貴真，澄濁求清清得去，時來寒谷也生春。

清者，不必一氣成局之謂也。如正官之格，身旺有財，身弱有印，並無傷官七殺，縱有比肩，食神，財殺，印綬，雜之，皆循序得所，有安頓。或作閒神，不來破局，乃為之清。又要有精神，有氣勢，不枯不弱方佳。濁非五行並出之謂也；如正官格，身弱殺食雜之，不能傷我之官，反與官星不和，印綬雜之，不能扶我之身，反與財星相伐，俱為濁局。或得一神有力，或行運得所，掃其濁氣，皆為澄濁求清，亦富貴之命。

> **滿盤濁氣令人苦，一局清枯也苦人，半濁半清無去取，多成多敗度晨昏。**
>
> 柱中尋他清氣不出，行運又不能去其濁氣，必是貧賤。若清而枯，弱而無氣，行運又不遇生地，亦清苦之人。至於濁氣又難去，清氣又不真，行運又不遇清氣，又不脫濁氣，此則成敗不一。
>
> 摘自《滴天髓》

第二節　論清濁

命局的有情無情、純雜、清濁、濕寒燥熱、順逆、神枯，在命理學上是非常重要的概念，亦是判斷命局高低的重要指標。可惜命理古籍對於以上概念的描述都非常混亂，其中尤以「清濁」的描述更使人難以掌握，致使很多人都覺得無所適從，很難實踐概念。我把以上的概念一一整理清楚，讓您們容易掌握。

有情無情（看喜忌神）：

1. 有情無情，看喜忌而定。合於日主需要者為有情，背離日主需要者是無情。
2. 例如：喜財而食傷生財為有情，忌財逢食傷生財叫無情；喜官而財生官為有情，忌官而財生官則無情。
3. 另外，同性相生相剋為無情，異性相生相剋為有情。

純雜（看正邪）：

1. 「純」者純正也，「雜」者混雜也。
2. 比印財官食為正神，主保守溫和；劫財偏印偏財七殺傷官為偏神，主較偏執。
3. 凡命，以純正為上，偏正混雜者，性格較反覆，縱為富為貴亦不巨。

清濁（看命局富貴高低）：

1. 「清」者氣之清和也，「濁」者氣之混濁也。
2. 「氣」指四柱氣勢。
3. 「氣濁」指氣勢混濁，形成過濕寒或過燥熱、或沖戰尅害一塌糊塗、或無用神偏枯無力。
4. 「氣清」指氣勢恬靜清和，形成寒熱均衡、五行流通有情（合於日主需要為有情）、喜用神生尅制化得宜有情。
5. 四柱尤以地支能恬靜清和為最重要。
6. 命局氣濁，只要行運能掃除濁氣，補足清氣（濁中清），可屬佳運。
7. 命局雖清，行運一路背清就濁（清中濁），主少成多敗，富貴非真，不吉。

濕寒燥熱看清濁（三之一）：

1. 掌握濕寒和燥熱，首先要看月令，再看五行眾寡。生在夏天之火，如果命局內未、戌二土多，謂之過燥熱；生在冬天之水，如果命局內丑、辰二土多，謂之過濕寒。

2. 濕寒為陰氣，當逢燥熱有所成；燥熱為陽氣，當遇濕寒能生發。過於濕寒或燥熱都是氣濁的一種。過於濕者，滯而無成；過於燥者，烈而有禍。

3. 命局中寒暖適中為氣清的一種。寒雖甚，只要暖有氣；暖雖過，只要寒有根，便是佳造。

順逆看清濁（三之二）：

1. 身旺五行順流有情，則氣清：身旺之命直順流到食傷或財（主富），或官殺而停者（主富且貴），大吉。

2. 身弱喜逆流有情，則氣清：身弱官殺旺，加上印弱或缺印者，用印星為用神，命喜逆流，使命局成官生印生身（主貴），或財生官生印生身逆流而止為喜（主富且貴），大吉。

神枯看清濁（三之三）：

神枯：「神」指四柱的喜用神，為一個命局的靈魂或死穴。「枯」指枯竭，「神枯」是指喜用神枯竭。例如：身弱用印而命局中財星壞印；或身旺用食傷而印制食傷。神枯則氣濁、神不枯則氣清。

得清者非富則貴，濁者不貧也賤。所謂「一清
到底有清神，管取平生富貴真」，這就是以上
所講的三清齊得，富貴必真，是上佳的命造。
若能三得其二，可謂「澄濁求清清得去，時來
寒谷也生春」，這是說命局氣濁，若行運能掃
除濁氣，補足清氣（濁中清），亦可算是佳造。
若三濁並臨，可算是「滿盤濁氣令人苦，一局
清枯也苦人」的劣等命造。若三清只得其一，
是謂「半濁半清無去取，多成多敗度晨昏」，這
是由於濁氣難去，少成多敗，亦為中下等的劣
造。

有時兩個命局的基本形象相同，但是由於清濁
的不同，兩個命局的主人在富貴貧賤方面，可
以有天壤之別。

第三節　清濁斷命二分法

氣清的好命	氣濁的劣命
1. 身印均旺，食傷貼身有根。 2. 身弱官殺旺，印健旺且貼身生助日主（例如：辛酉、壬辰、甲戌、乙亥 – 擇自《三命通會》的榜眼命）。 3. 身弱逆流成象到身而止。 4. 身旺順流成象。 5. 殺令命局有制化。 6. 身財兩旺。有傷食通關大吉。財入庫更佳。 7. 官印身相生，而又得食神洩秀。	1. 身旺印多無食傷。 2. 身弱食傷旺。 3. 身弱無印。官殺旺者尤劣。 4. 身弱順流成象，至殺而止者尤甚。 5. 身弱殺旺無印劫有傷官，男盜女娼（例如：辛巳、戊戌、乙丑、辛巳 – 擇自《三命通會》的盜賊命）。 6. 身弱財多。 7. 身旺逆流成象至身而止。 8. 命中五行沒有形象，混亂無序，不能流通。 9. 五行休囚，不貧則賤。

氣清的好命	氣濁的劣命
8. 正神旺多近身又為喜用。9. 五行齊全流通無阻，一世無災。	10. 財殺食旺貼身，印比劫不能生身（例如：戊午、壬戌、戊申、甲寅 – 擇自《三命通會》的夭命，死年39歲）。
10. 命局中出現的五行流通無阻，且俱旺相，大吉。	11. 比劫爭財。身旺財露天干而又沒有源者尤甚。
11. 四干旺相有情，非富則貴。	12. 劫財當令又三合成局，粗暴凶橫又奪財。
12. 身旺食傷成局財殺強（例如：乙丑、丙寅、甲戌、庚午 – 擇自《三命通會》的狀元命）。	13. 身弱財星旺破印，背義小人。財星混雜者尤甚（見財忘義）。
13. 身旺有印生，食傷眾多財結成局。	14. 偏神旺多且近身為忌，逢迎拍馬。
14. 從弱成格（須小心大運逢破格之時）。	15. 比劫旺，傷官多而沒有財，易為賭徒。
15. 化氣成格。	16. 金寒水冷、或火炎土燥之局。
16. 專旺成格。	17. 兩行相尅欠流通。
	18. 身弱極又不成從格、或身旺極又不成專旺格，夭命。

第四節　小童貴命論學業

替小朋友論命，最重要的一點固然在於能給父母正確地道出他們子女的性情和潛能，好使作為父母的能夠按照子女的性格，作出針對性的最佳安排，培養子女的潛能，取長補短。但很多為人父母更關心的，莫過於子女的學業成績。我們也應體諒他們的心情，因為按常理來說，子女未來事業的發展和成就，很多時跟學業成績息息相關。

基本上命局的高低好壞，決定命主的學業成績，所以最先是看命局，次看大運及流年的走勢。命局身弱逆生有情者最喜見官印相生，身旺順生有情者最喜見食傷洩秀。

正印為學術之星，而正官可生正印，亦有官職的意思。古時候考試取功名，登科及第，就是含有官職的意思。故命中正官正印相生日主有情且為喜用，必為讀書有成的最佳命造。另外，食神為文星，代表才華發露、智慧及聰明，最利考試運。故命中身旺生食神有情且為喜用，亦主讀書有成。

當然，有命無運也枉然。故看命局後，必須看在重要考試時期的流年及大運。例如：六歲（升讀小一）、十二歲（升讀中一）、十七歲（會考）、十九（升讀大學）、及廿二歲（大學畢業試）等等。倘若在升學考試的年份（及前數年）的大運流年都是好的話，則有讀書升學運。若大運流年皆逆背，除了代表家境差之外（因年青時的逆運，代表不利父母運），亦代表考試運差。

尚須了解兩點。第一：財星為慾望之星，求學期大運遇之，必主貪玩而易荒廢學業，若財星為忌神則更應驗。第二：財星於男命，官殺星於女命，均代表異性與戀愛，容易因感情事而影響學業。作為父母的，絕不可輕率處理。

論學業及考試運，我歸納為以下幾點：

好學的命運	不利學業的命運
1. 身弱逆生有情者，喜見官印相生；身旺順生有情者，喜見食傷洩秀。 2. 正印獨旺且為喜用神。 3. 印星旺相且為喜用神。 4. 正印較適合理科，偏印較適合文科。 5. 印星為忌，但衰弱或逢尅制，成績不錯。 6. 升學考試期間，歲運為吉用者。但男命不可行財運、女命不可行官運及財運。 7. 本命氣清，行運又吉者。 8. 專旺格，行印運，名列前茅。	1. 男命財星太旺，女命財官星太旺。 2. 男命用神為財星，女命用神為財生官星。 3. 印星為用，但衰弱或逢尅制，學習不佳。 4. 印星旺相，但為忌神，名落孫山。 5. 升學考試期間，歲運背逆。 6. 本命及行運，一片氣濁神枯者。

第五節　八字命例之一

為甚麼是好命？	為甚麼是劣命？
1. 乾造（擇自《三命通會》朱尚書的命造）：丙戌、戊戌、辛未、壬辰。	1. 乾造（擇自《三命通會》的盜賊命）：辛巳、戊戌、乙丑、辛巳。
2. 乾造（擇自《三命通會》榜眼的命造）：辛酉、壬辰、甲戌、乙亥。	2. 乾造（擇自《神峰通考》的貧賤命）：甲午、丁丑、壬辰、甲辰。
3. 乾造（擇自《滴天髓》的富命）：甲申、丙子、壬寅、辛亥。	3. 乾造（擇自《滴天髓》的貧賤命）：癸未、乙卯、丙辰、庚寅。
4. 乾造（擇自《神峰通考》毛尚書的命造）：甲寅、庚子、丁巳、戊辰。	4. 乾造（擇自《滴天髓》的夭殘命）：辛丑、辛丑、癸酉、癸丑。
5. 坤造（清孝欽太后）：乙未、丁亥、乙丑、丁亥。	5. 乾造（擇自《八字速斷點竅》的窮農命）：癸丑、癸亥、癸亥、癸亥。

為甚麼是好命？	為甚麼是劣命？
6. 乾造（將軍之命）：丁酉、丁未、乙亥、丙子。	6. 乾造（乞兒命）：辛丑、辛丑、癸酉、辛酉。
7. 乾造（曾國藩）：辛未、己亥、丙辰、己亥。	7. 坤造（中年寡婦命）：辛卯、庚子、壬寅、戊申。
8. 乾造（左宗棠）：壬申、辛亥、丙午、庚寅。	8. 乾造（夭命）：戊申、癸亥、戊子、壬子。
9. 乾造（孔祥熙）：庚辰、乙酉、癸卯，庚申。	9. 乾造（雖為從格，命局過寒，凶命）：壬子、壬子、辛卯、辛卯。
10. 乾造（朱熹）：庚戌、丙戌、甲寅、庚午。	10. 坤造（雖為二行成象的從旺格，但因一直行逆運破格、形成過燥熱、並且神枯，氣濁非常。雙目失明）：戊戌、丁巳、戊戌、戊午。
11. 乾造（紀曉嵐）：甲辰、辛未、丙戌、甲午。	
12. 乾造（李鴻章）：癸未、甲寅、乙亥、己卯。	

為甚麼是好命？	為甚麼是劣命？
13. 乾造（劉鏞）：甲子、丙寅、己丑、甲子。	11. 乾造（辛巳運辛巳年，因搶劫坐牢的凶命）：乙巳、乙酉、乙丑、己卯。
14. 乾造（擇自《滴天髓》的富命）：癸酉、癸亥、戊子、丁巳。	12. 乾造（乙丑運戊寅年，旺財破印，因搶劫坐牢的凶命）：戊午、癸亥、甲戌、甲戌。
15. 乾造（宋子文）：甲午、乙亥、庚辰、己卯。	13. 坤造（傷官成局無印制，神枯氣濁，娼命）：甲寅、癸酉、戊辰、辛酉。
16. 坤造（陳方安生）：己卯、丁丑、己未、丙寅（木火土三行成象、從旺格）。	

第六節　八字命例之二

以下我列出一百多個命造的喜忌神及其格局的高低，請您們多加推敲練習，務求「工多藝熟」。

命造	用神
1. 甲戌、丙寅、甲戌、乙亥	用神：火、土。貴命。
2. 甲午、丁卯、甲午、丁卯	用神：火、土。忌神：水。貴命。
3. 乙亥、己卯、甲寅、甲子	用神：火。忌神：水、木。貧命。
4. 辛未、壬辰、甲辰、庚午	用神：金。忌神：土。貴命。
5. 辛丑、癸巳、甲子、丙寅	五行無忌。富貴長壽。
6. 丙午、癸巳、甲寅、庚午	用神：濕土。貧而瞽目之命。
7. 庚辰、壬午、甲午、丙寅	用神：金、水。貴命。
8. 壬申、丙午、甲午、甲戌	用神：濕土、金、水。貴命。
9. 丁巳、丁未、甲午、丙寅	從兒格。忌神：木。貴命。

命造	用神
10. 戊辰、庚申、甲子、甲子	用神：水、木。貴命。
11. 壬午、己酉、甲申、甲子	用神：水、木。貴命。
12. 癸未、癸亥、甲午、丁卯	五行無忌。身旺用傷，武貴之命。
13. 壬戌、壬子、甲子、戊辰	用神：木、火、土。忌：金、水。富貴命。
14. 辛酉、庚子、甲子、丙寅	用神：火。五行無忌。貴命。
15. 乙未、戊寅、乙卯、庚辰	假專旺格。忌神：金。
16. 癸未、甲寅、乙亥、己卯	用神：火。忌神：水。貴命。
17. 丙寅、辛卯、乙亥、辛巳	用神：火。忌神：水、木。夭命。
18. 甲申、戊辰、乙丑、庚辰	用神：金、水。忌神：火、土。貴命。
19. 辛巳、壬辰、乙酉、辛巳	用神：水、木。貴命。
20. 癸亥、丁巳、乙巳、丙戌	用神：濕土、金。忌神：火。小貴之命。
21. 庚辰、乙酉、乙酉、庚辰	專旺格。忌神：火、木。大貴之命。

命造	用神
22. 辛亥、庚子、 乙亥、丙子	用神：木火。 忌神：金、水。貧命。
23. 壬申、壬寅、 丙子、乙未	用神：木、火。 忌神：金、水。貴命。
24. 己丑、丁丑、 乙丑、丁亥	用神：無。凶命。
25. 丙辰、庚寅、 丙午、壬辰	用神：金。貧命。
26. 癸未、乙卯、 丙午、丁酉	用神：濕土、金。貧命。
27. 癸未、乙卯、 丙午、癸巳	用神：濕土、金。小貴。
28. 癸巳、丙辰、 丙午、庚寅	用神：濕土、金。小康。
29. 壬午、甲辰、 丙申、乙未	用神：金、水。 小富小貴。
30. 丙戌、甲午、 丙午、己丑	用神：金。富命。
31. 乙丑、丙戌、 丙午、庚寅	用神：濕土。 忌神：火、木。貧命。
32. 壬子、壬子、 丙戌、戊戌	用神：木、火、燥土。 貴命。
33. 癸酉、甲子、 丙寅、戊戌	五行順生、富貴福壽。

命造	用神
34. 辛卯、庚寅、丁酉、癸卯(女)	用神：無。尅夫尅子、貧賤之命。
35. 丙寅、庚寅、丁卯、壬寅	用神：火。壬丁合火、假專旺、火運貴命。
36. 壬戌、甲辰、丁酉、己酉	用神：木、火。火運無礙、金運凶死。
37. 癸丑、丁巳、丁巳、丙午	用神：濕土、金、水。水運大貴、尚書命。
38. 丙寅、甲午、丁酉、己酉	用神：濕土、金、水。金水大運、富命。
39. 壬申、丁未、丁未、己酉	用神：金、水。五行流通、辛亥壬子大貴。
40. 丙申、乙未、丁未、癸卯	用神：金、水。金水大運、富貴雙全。
41. 戊辰、庚申、丁巳、庚戌	用神：木、火。財多身弱、亥運溺死。
42. 戊戌、癸亥、丁巳、癸卯	用神：木、火。戊癸互制、巳亥沖、小貴。
43. 甲戌、丙寅、戊寅、丙辰	用神：火、土。火土專旺、中行火運大貴。
44. 庚申、戊寅、戊寅、庚申	用神、火。火運顯達、申運被害、凶命。
45. 戊辰、乙卯、戊辰、乙卯	用神、火。火運顯達、貴命、金運遭讒。

命造	用神
46. 甲寅、丁卯、 戊辰、己未	用神、火。 三行成象、貴命。
47. 癸亥、丙辰、 戊寅、丙辰	用神：金、水。 北方財運、富命。
48. 丙戌、癸巳、 戊午、丁巳	用神：木、火。火專旺 格大貴、水運被貶。
49. 己巳、辛未、 戊戌、己未	用神：金、水。丁卯運 肺病身亡、凶命。
50. 壬戌、己酉、 戊戌、乙卯	用神：水。運走水木、 財官之地、貴命。
51. 壬子、戊申、 戊戌、辛酉	用神：無。貧命。
52. 癸亥、癸亥、 戊午、甲寅	用神：火。 晚行火運、貴命。
53. 癸卯、乙丑、 戊子、丙辰	用神：火。貧命。
54. 甲子、丙寅、 己丑、甲子	用神：火。中行火運、 太平宰相、貴命。
55. 己卯、己巳、 己巳、辛未	用神：金。 丁卯運夭亡、夭命。
56. 甲午、癸酉、 己酉、丙寅	用神、火。晚行火運、 貴至布政、貴命。

命造	用神
57. 甲子、丁卯、 己丑、乙亥	用神：火。貧命。
58. 壬子、甲辰、 己卯、丙寅	用神：火。貴命。
59. 己巳、己巳、 己巳、壬申	用神：金：水。富命。
60. 辛巳、己亥、 己卯、乙亥	用神：火。貧賤之命。
61. 己酉、丙寅、 庚申、庚辰	用神：水。忌神：金、 土。運入水地。小貴。
62. 丙辰、辛卯、 庚申、丁丑	用神：火。運入火地。 小貴。
63. 己酉、丁卯、 庚辰、甲申	身弱。用神：土、金。 運入水地、貧命。
64. 壬辰、甲辰、 庚午、丙戌	身弱。用神：土、金。 戊申己酉、發財致富。
65. 丁未、乙巳、 庚寅、丙子	從格。忌神：金。 北方運中、仕路亨通。 大貴。
66. 癸酉、丁巳、 庚申、丁丑	身旺。用神：水。中行 水運、大貴之命。
67. 壬申、丙午、 庚午、庚辰	用神：水、金。貴命。
68. 壬午、丙午、 庚申、戊寅	身弱。用神：土、金。 寅申逢沖、常人之命。

命造	用神
69. 丙辰、乙未、 庚辰、癸未	用神、金。忌神：土。 運行西北、小富小貴。
70. 壬申、戊申、 庚辰、甲申	身旺食神生財、 大富之命。
71. 乙卯、乙酉、 庚寅、壬午	身弱。用神、金。 運行東南、貧賤之命。
72. 癸酉、癸亥、 庚申、丁亥	用神：金。 辛酉庚申運中大貴。
73. 癸酉、甲子、 庚辰、甲申	身弱難任食神生財。 小貴之命。
74. 壬午、乙巳、 辛丑、丁酉	身旺能任財官。忌神： 金、土。富貴雙全。
75. 庚申、甲申、 辛未、壬辰	旺極宜洩。用神：水。 中行水運、大貴之命。
76. 丁酉、戊申、 辛丑、己丑(女)	專旺格。運行西北、 一品誥命夫人之命。
77. 戊辰、辛酉、 辛酉、戊子	用神：水。 癸亥甲子運中大貴。
78. 戊辰、辛酉、 辛酉、己丑	專旺格。運入水地大 貴、木運致富。
79. 壬子、壬子、 辛卯、辛卯	假從格。忌神、金。大 運一路木火、大貴。

命造	用神
80. 壬子、癸丑、 辛亥、丙申	身弱難任食傷。 用神：土、金。小貴。
81. 戊寅、甲寅、 壬寅、丁未	化格。忌神、火、金。 惜運行火金。小貴。
82. 己卯、丁卯、 壬午、癸卯	從格弱。貧賤之命。
83. 丙子、壬辰、 壬申、乙巳	用神：木、火。火運驟 貴、掌財政部。貴命。
84. 丙子、丁酉、 壬申、甲辰	用神：木。木運顯貴。 貴命。
85. 丙子、丁酉、 壬子、己酉	用神：木。中運北方無 成、晚僅衣食。貧命。
86. 癸巳、壬戌、 壬午、壬寅	天干皆水、地支火局。 火運遇盜喪命。凶命。
87. 壬子、壬子、 壬子、丙午	水火交戰、火運凶死。 凶命。
88. 甲子、丙子、 壬戌、壬寅	身食財俱旺。運入東 南、大富大貴之命。
89. 甲午、丁丑、 壬辰、甲辰	身弱。用神：金、水。 運走東南、常人之命。
90. 辛丑、辛丑、 壬寅、辛丑（女）	身旺。用神：木、火。 運走東南、夫榮子貴。

命造	用神
91. 壬寅、壬寅、癸卯、壬子	兩行成象。富貴之命。
92. 戊寅、甲寅、癸卯、丙辰	從兒格。貴命。
93. 丁未、癸卯、癸亥、癸丑	身旺。用神：木、火。運走西北。小富小貴。
94. 甲寅、丁卯、癸卯、乙卯（女）	從兒格。早運金水破格。入火運、因子而貴。
95. 丙寅、壬辰、癸丑、丙辰	丙火財星得令。用神：金、水。貴為駙馬。
96. 甲辰、己巳、癸酉、辛酉	用神：水。貴命。
97. 癸酉、戊午、癸酉、壬子	用神：木、火。運走木火、富貴無邊。
98. 丁卯、丁未、癸巳、癸丑	用神：金、水。前運不濟。晚行水運小利。
99. 丁巳、戊申、癸卯、甲寅（女）	用神：金、水。運走西北、夫榮子貴。
100. 辛酉、丙申、癸酉、辛酉	用神：水。運入木火。不知所謂。常人之命。

第四部：或躍在淵

第三章：流年、大運與人生之吉凶預測

流年是指每個人一生之中，每一年的吉凶批斷，而大運通常是指十年的吉凶批斷。命理學的批流年大運是所有專業從業者必須具備的造詣，可是命理學的經典如《滴天髓》、《窮通寶鑑》、《三命通會》、《子平真詮》等均沒有對批流年批大運作過精密性的、系統性的敘述，所以很多對命理學有研究的業餘論命者也很少涉及這方面。其實批流年大運的核心，仍然離不開「五行生尅」及「流通原理」的推演。本章就批流年大運的理論，作出全面性的探討。

第一節 《滴天髓》的歲運論、貞元論

歲運論：休咎繫乎運，尤繫乎歲，衝戰視其孰降，和好視其孰親。

日主譬如吾身，局中之神譬如舟馬引從，大運譬如所歷之地，故重地支，未嘗無天干，太歲譬如所遇之人，故重天干，未嘗無地支。必先明一日主，配合七字，推其輕重，看其行何運，如甲日以氣機看春，以人心看仁，以物理看木，大率看氣機而物在其中，遇庚辛申酉字，即看其和何令，又看春之喜忌，乃行運生甲伐甲之地，故詳論歲運戰衝和好之勢，而得勝負適從之機，則休咎了然在目。

何謂戰？

如丙運庚年，謂之運伐（尅）歲。日主喜庚，要丙降，在得戊（洩）得壬（尅）者吉（以尅洩忌神之物為吉）。如日主喜丙，歲不肯降，得戊己和之為妙（太歲為專神，故以和解為上），如庚坐寅年，則丙之力量大，歲自不得不降（勢大則太歲無權），可保無禍。

如庚運丙年，謂之歲伐（尅）運。日主喜庚，得戊己以和丙者吉（通關），如日主喜丙，運不肯降，歲又不可制，（運管十年，與命較親），得戊己洩而助庚亦吉，若庚坐寅午，則丙之力量大，運自不得不降，難保無患。

何謂衝？

如子運午年，謂之運沖歲，日主喜子，則要助子，又得年干乃制午之神更妙，若午之黨多，或干頭遇丙戊甲者必凶。

如午運子年，謂之歲沖運，日干喜午而子之黨多，干頭又助子，必凶。

日干喜子，而午之黨少，干頭亦不助午，必吉。

若午重子輕，則歲不降，亦無咎（其勢已成，歲力不能為禍）。

何謂和？

如乙運庚年，庚運乙年，則和（乙庚化金），日主喜金則吉，日主喜木則不吉。

如子運丑年，丑運子年，則和（子丑合而化土），日主喜土則吉．喜水則不吉。

何謂好？

如庚運辛年，辛運庚年，申運酉年，酉運申年，則好。日主喜陽，則庚與申為好，日主喜陰，則辛與酉為好。

貞元論：造化生生不息機，貞元往復運誰知，有人識得其中數，貞下開元是處宜。

三元皆有貞元，如以八字論，則年為元，月為亨，日為利，時為貞，年月吉者，前半世吉，日時吉者，後半世吉，以大運論，初十五年為元，次十五年為亨，中十五年為利，後十五年為貞，元亨運吉者，前半世吉，利貞運吉者，後半世吉，至於人壽既終之後，運之所行，果所喜者，則世世昌盛，此貞下起元之妙，生生不息之機，所以驗奕世之兆，而知運數之一定不易者。

摘自《滴天髓》

第二節　淺談批流年與人生的吉凶預測

命局好比一輛汽車，不同的命局，就是不同類型不同性能的汽車。大運好比一段已預先編定的路程，不同的大運就是不同素質不同狀況的路程。流年好比風霜雨雪、燥濕寒暑等天氣變化。流月則是各種天氣變化的波浪曲線。道路本身的素質和狀況（大運），固然能影響汽車（命局）前進的快慢順阻，但天氣變化流年、流月，則更直接地影響路面狀況（大運）和汽車（命局）前進的速度。**所以大運的干支能起作用來影響命局的干支，而流年的干支又能起作用來影響大運的干支及命局的干支。批流年時，必須首先將流年和大運的干支組合起來作比較分析，然後再合入命局分析。**批流年的目的，是要預測歲運干支對原命局干支所產生的影響。

歷年來，我的實踐經驗顯示：**八字預測學能百份之一百準確地預測命運能量的發揮方向及影響方向，但不能預測命運能量的實質份量。**即是說能準確地預測命運吉凶的趨勢，而不能釐定所謂的吉是多大的吉、所謂的凶是多大的凶。

我相信您們現在已明白批流年的概念，可以開始探討如何具體地預測流年將會發生的事情。其基本原理，仍離不開五行生尅和以下一些操作上的大原則。先明白大原則，才能領悟個中竅門。我將會以李嘉誠先生的命局為例，詳加說明，為您們打好基礎，迎接精深的批流年心法（在第四節）。

1.　進退

進氣是指命局的干支在歲運中得到生扶或幫助，進氣代表能量的增強。退氣是指命的干支在歲運中受尅或被洩氣，退氣代表能量的減弱。

2.　流通

流通與不流通，是吉與凶的其中一個判斷標準，流通則無災大吉，不流通則易有災凶。

3. 動靜

所謂動,是指命局的干支,受到大運流年的直接生剋或會合沖刑害。所謂靜,是指命局的干支,沒有受到大運流年的直接生剋或會合沖刑害。

另外,原命局可以被想像為一靜態的平衡系統,如果是五行中和或流通,皆屬於穩定的平衡系統,其他的則屬於不穩定的平衡系統。當原命局系統受到大運或流年的干支生剋及會合沖刑害時,便能生動。在天干看合為主,在地支則看沖為主,而吉凶則主要看原來的平衡系統有沒有被打破或改善。

4. 內外

天干主外,主動,主表象;地支主內,主靜,主實質。所以天干主事情的外象,是外露給別人看到的知道的事,如流年或大運天干為「財星合日主或比劫」,主進財並為別人所知,所以也容易被劫(所謂被劫是指因他人或他事而失去屬於自己的東西)。如流年或大運為「地支進財」,則深藏而不易為人所知,故不容易被劫。如流

年或大運天干為「官星合日主或比劫」，代表為官顯達，事業可望有升遷之象。但大運或流年所發生的事的最終吉凶，仍須看命局的喜忌來決定。

5. **事象**

從大運和流年干支的十神基本事象來推斷：

比劫本身代表朋友、兄弟姊妹、同事、破財等。歲運合比劫尅財為吉時，代表得朋友、兄弟姊妹或同事之助而得財。如為忌，則易為朋友兄弟姊妹、同事而破財。

印星本身代表母親、長輩、學習、工作機構、權力、清心寡慾等。歲運印生旺比劫為吉時，代表母親、長輩、學習、工作機構、權力等範圍內之事有益處。如為忌則相反。

財星本身代表妻子或婚姻感情、父親、財運、官根（官場的根基，即是出身、政治背景、人事關係等）、慾望、耗財等。歲運干透財星，日主必然求財（色）慾高。財星為吉時，代表妻子或婚姻感情、父親、財運、

人事關係、慾望等範圍內之事有益處。如為忌則相反。

官殺本身代表丈夫或婚姻感情（女命）／子女（男命）、工作、官職、官司、小人、傷病等。歲運官殺為吉時，代表丈夫或婚姻感情（女命）／子女（男命），工作、官職、官司、小人、傷病等範圍內之事有益處。如為忌則相反。

食傷本身代表子女或尅夫（女命），發表作品、言論、思想、投資、策劃、旅遊、官司、傷病等。歲運食傷為吉時，代表子女或尅夫（女命），發表作品、言論、思想、投資、策劃、旅遊、官司、傷病等範圍內之事有益處。如為忌則相反。

6. 十神作用初探（在本章第四節再深入說明）

運用「十神作用」預測法批流年，既可以全方位預測；涵蓋財、官、名、婚姻、災劫等各層面，又可以分項獨立地剖析。現先初步探討十神的作用：

測官運時：官殺為官職，印星為權力，財星為官的根基，食傷為阻滯為理想，比劫為阻滯為競爭。

測財運時：官殺為耗財，印星為耗財為投資事情，財星為錢財，食傷為財源，比劫為破財。

測婚姻運時：官殺為丈夫為情人，印星為助力，財星為官的根基，食傷為喜悦幸福，比劫為是非波折（女命）。又官殺為困難，印星為憂愁煩悶，財星為妻為情人，食傷為助力，比劫為是非波折（男命）。

測名運時：官殺為壓力困難，印星為憂愁煩悶，財星為錢財名譽，食傷為名譽，比劫為幫手為助力。

測災劫運時：官殺為災劫，印星為救助為是非，財星為因由，食傷為解困為救援，比劫為幫手為助力。

第三節　實例（李嘉誠：戊辰、戊午、甲申、癸酉）

1928年出生於廣東潮州，父親是小學校役，出生家境並不富裕。1940年為躲避日本侵略者的壓迫，全家逃難到香港。1942年父親病逝。為了養活母親和三個弟妹，李嘉誠被迫輟學走進社會謀生。

開始時，李嘉誠在一間玩具製造公司當推銷員。工作雖然繁忙，失學之李嘉誠仍用工餘時間到夜校進修。李嘉誠八字用神為水、木。由於第一個大運（即八歲至十八歲）之干支是己未，屬土，所以他之童年實在是在艱苦貧窮中度過。

十八歲之後，李嘉誠的大運轉入了庚申，屬強旺之金，由於金能洩旺土，故亦為李嘉誠之喜神，所以他的運程有好的轉變。不到20歲，他便升任塑料玩具廠的總經理。1950年，李嘉誠把握時機，用平時省吃儉用之積蓄7,000美元創辦了自己的塑膠廠，他將它命名為長江塑膠廠。

二十八歲之後，李嘉誠的大運轉入了辛酉，亦是屬金，這些強金的力量繼續支持着李嘉誠事業方面的發展。金對李嘉誠的助力，亦可以由他的日柱地支（夫妻宮）屬申金反映出來。李嘉誠的妻官屬金，是有利他之五行，這就顯示出他妻子對他有助力。事實上，李嘉誠早期的確是得賢內助的金錢大力支持。1958年，李嘉誠開始投資地產市場。長江很快成為香港的一大地產發展和投資實業公司。

三十八歲之後，李嘉誠的大運轉入了壬戌，壬是有利之水。在這十年的大運中，李嘉誠作出了不少明智的商業決定，大量投資地產而獲利。其中，他在香港1967年暴動時樓市大跌聲中，購入大量物業，所以當長江實業於1972年（壬子年）上市時，其股票被超額認購65倍。

四十八歲之後，李嘉誠的大運轉入了癸亥，是強而有力之水。所以到70年代末期，他在同輩大亨中已排眾而出，成為地產界鉅富。1979年，長江更購入老牌英資商行和記黃埔，李嘉誠因而成為首位收購英資商行的華人。1984年，長江又購入香港電燈公司的控制性股權。

五十八歲後，李嘉誠的大運轉入了甲子，是強而有力之水、木用神。故此李嘉誠的成功能持

續至今天。尤其是1992年（壬申年）及1993年（癸酉年），對於李嘉誠大為有利，故長江實業集團三家上市公司於1994年除稅後盈利達28億美元。1995年（乙亥年）12月，長江實業集團三家上市公司的市值，總共已超過420億美元。

另外，官殺主貴，即官位。食傷主名，即名譽。李嘉誠曾多次獲得殊榮，且看大致紀錄如下：

- 一九八一年三月，李嘉誠獲得由香港電台及萬國寶通銀行聯合舉辦的「風雲人物」選舉，被膺選為當年風雲人物。是年為辛酉年，是為正官年，主地位。
- 同年五月，他獲任香港太平紳士。是年為辛酉年，是為正官年，主地位。
- 一九八六年三月，獲比利時國王賜封為：Commander in the Order of the Crown。是年丙寅年，丙火為傷官，主名。
- 一九八九年四月，獲英女皇頒授CBE勳銜，是年為己巳，巳火為傷官，主名。

- 一九八九年六月，獲加拿大卡加里大學頒授榮譽法學博士學位，是年為己巳，巳火為傷官，主名。

- 一九九零年，獲DHL及南華早報的商業成就獎。是年為庚午，庚金為七殺主貴。

- 一九九零年二月七日，獲汕頭市人民政府授予「汕頭市榮譽市民」。是年為庚午年，夏季火旺即食傷旺，主名。

- 一九九二年四月，獲北京大學頒授名譽博士學位。是年壬申年，申金為七殺，主貴。

- 二零零一年獲至高殊榮（大紫荊勳章），無巧不成話，亦是在巳年，主名。

第四節　批流年、大批流年

「批八字」最終的目的是要找出一個命局一生中，所有大吉及大凶的大運和年份來加以註明，並宏觀地道出背後的命運週期性，從而達到未卜先知的趨吉避凶之效。在大吉或大凶的年份，最重要的當然是能準確判斷那個流月是吉、那個流月是凶，分月逐條列出各事的吉凶，這就是所謂的「批流年」了。

批流年在格式方面，是要將命、運、歲三者合起來推算，以五行生尅的關係、五行流通的程度、和十神作用的互動為標準（這點已在第二節說明）。根據一年的吉凶與禍福，先批算一個總論，概括一年的禍福大勢情況，然後預測吉凶流月，分月逐條列出各事的吉凶。當然不論是吉或是凶的流年，吉凶的流月，總也會形成一個小週期。故此當大週期行順運或逆運時，也有小週期性的波幅。

我在這裏有三個重點要傳授您們。第一，如何能在一個大吉或大凶的年份，準確判斷吉凶流月。第二，如何準確預測官運、財運、婚姻運、名運、及災劫運。

人固然有大吉及大凶的年份。但對人的一生而言，大吉及大凶的年份，只佔人生的小部份。所以對於一些來批命的人，那些既不吉又不凶的平常歲月，還是希望能知多一點點，因此「大批流年（又名細批終身）」便自然形成。所謂大批流年就是要將人的一生，自出生批起，一直批到七、八十歲「命終」之時為止，每年每月去註明吉凶禍福。八字命理學是不能預測死亡時間的。隨著醫學科技的發展，人的壽命相繼延長，所以您們可隨緣，多批一、兩個大運也無妨。

當求批命者在閱讀自己的「大批流年命書」時，既可回味前塵往事，又可展望未來，更可以達致「前事不忘、後事之師」的智慧昇華意境。大批流年基本的守則是「有事可批必定要詳批，無事可批則可一筆輕輕帶過」。批命的最終目的，是希望當事人能從命理分析中更加認識自己，更加了解自己所處的形勢，從而學習以平常心去接受自己的現狀，以平常心去看清楚將來應走的方向，以求轉化生命中的苦境為樂境，趨吉避凶，離苦得樂。這就是第三個重點我要您們謹記的。

1. 十神互動的方式

在第二節第6點，我們初步探討了十神於流年的作用。現在讓我們深入剖析十神如何在命、運、歲三者之間「互動」，透過「生尅合沖刑害」來影響流年的官運、財運、婚姻運、名運、及災劫運。

我會以官運及財運為例，詳細剖析如何按照十神的作用，推算它們互動的結果。運程的吉凶，取決於互動後的結果，是為日主所喜或為日主所忌。那麼只要理解十神的作用和它們互動的方式，就不用牢記那麼多口訣。至於測婚姻運、災劫運、和名運時，也可以

同樣地用這個十神互動方式來作簡單的觸機推斷，既直接又準確。我希望您們能用心練習，提昇自己批流年的功力。

測官運

我再列出十神在測官運時的作用：官殺為官職，印星為權力，財星為官的根基，食傷為阻滯為理想，比劫為阻滯為競爭。

現深入剖析十神的互動方式：

- 比劫來合財：因事業阻滯或競爭而致耗財（凶）、耗財而事業變化（吉）
- 財來合比劫：破財而事業不順利（凶）、因財而令事業順利（吉）
- 比劫來合官殺：事業遇阻滯與競爭（凶）、事業遇助緣（吉）
- 官殺來合比劫：事業遇阻滯與競爭（凶）、事業順利，官運亨通（吉）
- 梟印來合財：為事業而耗財，事業遇阻滯與競爭（凶）、為事業而耗財，事業順利（吉）
- 財來合梟印：破財而事業不順利（凶）、因財而令事業順利（吉）

- 官殺來合食傷：事業遇阻滯與競爭（凶）、事業順利，官運亨通（吉）
- 食傷來合官殺：升職（吉）、事業遇阻滯（凶）
- 官殺來合財：事業遇阻滯與競爭而破財（凶）、事業順利，官運亨通（吉）
- 財來合官殺：加薪，升職（吉）、財及事業遇阻滯（凶）
- 梟印來合食傷：事業遇阻滯與競爭（凶）、事業順利，官運亨通（吉）
- 食傷來合梟印：升職（吉）、事業遇阻滯（凶）
- 財來合食傷：破財而事業不順利（凶）、為理想事業而耗財，事業順利（吉）
- 食傷來合財：事業順利，升職（吉）、事業遇阻滯（凶）
- 官來合身：升職（吉）、事業遇阻滯（凶）
- 比劫來沖尅官殺：事業調動變化
- 官殺來沖尅比劫：因人幫助而得升職（吉）、事業遇阻滯（凶）
- 印來生身：權力增大（吉）、與上司不和而至事業遇阻滯（凶）

- 食傷生財：理想實現，事業順達
  而得財（吉）、工作壓力極大以維
  生（凶）
- 梟印來沖尅財：因事業而破財
  （凶），為事業而耗財，事業順利
  （吉）
- 財來沖尅梟印：工作變動
- 食傷洩身：實現理想（吉）、工作
  壓力極大以維生（凶）

測財運

十神在測財運時的作用：官殺為耗財，印星
為耗財為投資事情，財星為錢財，食傷為財
源，比劫為破財。

剖析十神的互動方式：

- 比劫來合財：破耗財（凶）、得朋
  友之助力而得財（吉）
- 財來合比劫：進財，後失財（凶）、
  進財（吉）
- 比劫來合官殺：因人幫助而進財
- 官殺來合比劫：因禍而得財

- 梟印來合財：為事業而耗財，投資順利（吉）、為事業而耗財，事業遇阻滯（凶）
- 財來合梟印：破財而事業不順利（凶）、因財而令事業順利（吉）
- 官殺來合食傷：受騙（凶）
- 食傷來合官殺：投資獲利（吉）、事業遇阻滯（凶）
- 官殺來合財：事業遇阻滯與競爭而破財（凶）、事業順利，官運亨通（吉）
- 財來合官殺：加薪，升職（吉）、財及事業遇阻滯（凶）
- 梟印來合食傷：事業遇阻滯與不利財（凶）、投資謀發展順利（吉）
- 食傷來合梟印：財與事業遇阻滯（凶）
- 財來合食傷：為理想事業投資，破財而事業不順利（凶）、為理想事業而投資，投資順利（吉）
- 食傷來合財：進財（吉）、因理想或子女破財（凶）
- 財來合身：得財（吉）、得財後失財，或因女色而失財（凶）
- 比劫來沖尅官殺：因人幫助而得財

- 官殺來沖尅比劫：因禍而得財
- 比劫來沖尅財：破財
- 財來沖尅比劫：用錢賺錢
- 印來生身：實幹得財（吉）、與上司不和或因公司引致失財（凶）
- 食傷生財：理想實現，事業順達而得財（吉）、工作壓力極大以維生（凶）
- 梟印來沖尅財：因事業、公司或長輩而破財（凶），為事業而投資，事業順利（吉）
- 財來沖尅梟印：進財
- 梟印來沖食傷：投資
- 食傷來沖尅梟印：投資幹事業
- 食傷洩身：實現理想，生財（吉）、工作壓力極大以維生（凶）

2. 吉凶流月的斷法

根據命、運、歲三者的十神互動方式，除了可以預測將要發生的事情外，亦可以準確地預測事情發生的流年及流月。這可讓我們在逆運時，更有效地化解或避過災難。在順運時，能乘時而起，不讓好運溜走。所謂時機不再，時不可失，流月吉凶的斷法是非常重要的。其基本理論為：

- 破壞或引發「歲與運」或「歲與命」的十神作用的流月會應吉凶；
- 日主尅洩交加時，印星被合走或沖走的流月會應吉凶；
- 歲運中印星被合走或沖走，遇到尅耗洩沖的流月會應吉凶；
- 日主逢歲運沖，遇「合」來破壞這個沖的流月會應吉凶。
- 例：

  ○ 乾造：乙未、戊子、庚戌、甲申。大運：甲申。流年：戊寅。戊午流月投資，己未流月耗財數萬，庚申、辛酉流月皆不利，但繼續投入。
  ○ 乾造：乙巳、甲申、壬子、乙巳。大運：辛巳。流年：戊寅。戊午流月失錢包破財。壬戌流月離婚又破財。
  ○ 坤造：丁未、乙巳、辛巳、乙未。大運：戊申。流年：乙亥。那個月中獎金得彩金數百萬？那個月與丈夫分手並遭財務公司追債？

3. 大批流年竅門

大批流年是在批八字及批大運後進行的。簡批八字通常是「當面談說」及「筆上批寫」同時進行。但由於求批八字者通常是初次與批命者談命，所以普遍是先透過談話來過濾一些模糊的疑點，然後才落筆。由於面談時間急迫，不容許批命者慢條斯理地推敲，更不可停頓下來思考，所以簡批八字看似簡單，實乃沉重。

大批流年則不同，通常不會在初次見面或未經過簡批八字而直接要求大批流年的，所以要求大批流年的人，通常認識批命者。因為對求批者的命局已有一定的認知，故此大批流年一般上雖較繁瑣，但其實心理壓力比簡批八字輕鬆一些。大批流年，就是為求批命者推斷及批寫一本由出生到壽終（通常假設為七、八十歲）的終身流年書。大批流年的步驟：一、先按大運以五年為一個階段，批寫從前吉凶的年份。二、再從求批者今年歲數起，先批大運。三、最後再逐年按十二個月來批。通常約批到七、八十歲之間。

大批流年一定是先年後月。以年為中心，先確定在這一年，那方面好那方面壞。再定出在這一年中，最好或最壞的月份。然後才逐一細批其吉凶取捨。大批流年的基本態度為實事論事，有事多批幾頁亦無妨，無事則少寫幾句亦可，亦不忌留有空白欄。言詞要直接簡潔，切忌假裝「禪意深遠」，言之無物或無事生非。要知自己的一言隨時可誤導他人，能不處處小心，步步為營嗎？一個負責任的術數家，應有個人的道德規範，應具備金、木、水、火、土五種德性：

金：古代俠仕之正義感、

木：宗教家的慈悲心懷、

水：經藏深入，智慧如海、

火：光明廣大、照於四方、

土：長養萬物、化育眾生。

第四部：或躍在淵

第四章：論六親、借盤論六親法

第一節 《滴天髓》的六親論

六親論：

夫妻姻緣宿世來，喜神有意傍妻財。

局中有喜神，一生富貴在於是，妻子在於是，大率依財看妻，如喜神即是財神，其妻美而且富貴，喜神與財神不相妒忌，亦可，否則尅妻，或不美，或欠和，然看財神，又須活法，如財神薄，須要助財，財旺身弱，又喜比劫，財神傷印者，要官星，財薄官多者，要傷官，財氣未行，要沖者沖，洩者洩，財既流通，要合者合，庫者庫，若財太洩，比肩透露，及身旺無財者，必非夫婦全美，若財旺身強而富貴者，必多妻妾。

子女根枝一世傳，喜神看與殺相聯。

大率依官星看子，如喜神即官星，其子
賢俊，喜神與官星不相妒，亦好，否則
無子，或不肖，或有尅，然看官星又要
活法，如官輕身旺，須要助官，殺重身
輕，須要印比，若官星阻滯要沖發，官
星太洩要幫助，無官星者以財取論，財
能生官也。

父母或興與或替，歲月所關果非細。

子平之法，以財為父，以印為母，然看
歲月為緊要，如歲月不傷夫喜神，及歲
氣有益於月令者，父母必昌，歲月之氣，
斲喪於時干者，先尅父，歲月之氣，斲
喪於時支者，先尅母，又須活看局中大
勢，有隱隱露其興亡之機，而不必在財
印者，再看生財生印，與財生印生之神，
而損益舒配，無不驗矣。

> **兄弟誰廢與誰興，提綱喜神問重輕。**
>
> 劫財（羊刃），比肩，皆兄弟，要與提綱之神及喜神，較其輕重，財官弱，三者顯其攘奪之跡，兄弟必強，財官旺，三者出其助主之功，兄弟必美，身與財官兩平，而三者伏而出助，兄弟必貴，比肩重，而傷官財煞亦旺者，兄弟必富，身弱而三者不顯，有印而兄弟必多，身旺而三者顯，無官，而兄弟必衰。
>
> 摘自《滴天髓》

第二節　論六親

所謂六親，即是：父、母、兄／姊、弟／妹、夫／妻、子女。八字命理看六親的關鍵在於夫妻。因為若無夫妻，何來子女？如無子女，何來父母、兄弟？所以八字命理看六親，必先看夫妻。夫妻關係，有切身的痛癢，應驗最顯明。若懂得用這裏所介紹的借盤論六親法，您們甚至可以憑一個人的命局，推斷出她的丈夫或他的妻子的五行喜忌和命運吉凶。六親當中，以兄弟各立門戶，應驗最不顯。至於父母的蔭庇，子女的成就，亦能時有所應驗。

「正五行八字」論命，重點在全局的氣勢能五行中和。故推論六親的方法要活用，絕不可單以財官旺衰看夫妻、官殺食傷旺衰看子女 … 等（例如男命以官殺為子女，身旺官殺亦旺而為喜用者，子女必多且佳；但若身衰官殺旺而為忌者，則子女必少且劣）。八字命理六親的看法，基本上是由十神的旺衰喜忌、十神出現於命局干支的位置、和最為重要的宮位（即：年柱代表父母宮、月柱代表兄弟宮、日柱代表夫妻宮、時柱代表子女宮）來綜合判斷。其基本原理為：

1. 以代表六親的十神出現在命局的干支，與日干之間的距離遠近，和十神與日干生尅會合沖刑害的關係，來判斷該六親對日主的影響與親疏關係；

2. 以日主的喜忌，看十神代表的六親在命局的作用，為喜亦或為忌，以判斷對日主的實質性幫助能力；

3. 以宮位本身在命局是為喜亦或為忌，和刑沖尅害等吉凶關係，來決定日主對相關六親的主觀喜惡感覺。其根本理念為父母看幼年運（年柱代表父母宮），夫妻、兄弟看中年運（月柱代表兄弟宮、日柱代表夫妻宮），子女看老年運（時柱代表子女宮）。

4. 以十神代表的干支的旺衰吉凶，和十神與命局干支生尅會合沖刑害的關係，來判斷六親各自的生命力、成就與吉凶。

夫妻宮

日柱干支，上下相連，日支與日主最為親切，故日柱為夫妻宮。日支不論是為比劫財官食傷，如果是日主的喜用神，由於自我感覺良好，夫妻必為良緣。如果日支是日主的忌神，由於自我感覺不好，怨言磨擦必多，故夫妻緣有不足之處。如日支為喜而被沖，主尅及生離死別。如原本為喜而被合化，其理亦同。相反，如日支為忌而被沖，對夫妻緣反有幫助。如原本為忌而被合化，其理亦同。

子女宮

子女看時柱，象徵上一代的過去，全賴後一代去興旺。故推測子女，時柱干支不論是為比劫財官食傷，如果是日主的喜用神，對子女必多關愛，某程度上可算子女緣佳。如果時柱干支是日主的忌神，與子女易生磨擦，子女緣有不足之處。

父母宮

父母宮在年月柱。因為年月為先，日時在後，由上而下，如同先父母後妻子。故推測父母，如年月柱干支不論是為比劫財官食傷，如果是日主的喜用神，本身必關愛父母。如果年月柱干支是日主的忌神，不論是為比劫財官食傷，與父母易生磨擦。所以父母緣優劣吉凶，重點在宮位，故須先看父母宮，次看十神（印星與偏財），兩相參看，即知出身。

兄弟宮

命理以月支為提綱，提綱亦代表門戶。兄弟雖各立門戶，然幼少時屬於同門戶，故以月柱為兄弟宮，《滴天髓》云：「兄弟誰廢與誰興，提綱喜神問重輕」。如提綱為財神為吉（得比劫尅財）、提綱為官殺為用（比劫眾多不怕受尅）… 等，兄弟關係必佳。兄弟的看法，著眼點在提綱為喜神，和比劫的制化得宜。

總結來說，論六親應先看宮位，次看代表六親的十神（與日干距離遠近、衰旺吉凶及生尅刑沖，在命局的喜忌），兩相參看，即知底細。

以下提供一些六親批斷的要訣：

1. 命局不見印星，加上第一個大運和第二個大運都不見印星及為印星死絕之地，尅母；同樣地，不見偏財為尅父。

2. 命局唯一的印星受沖尅，尅母；同樣地，命局唯一的偏財星受沖尅，尅父。

3. 比劫成局，尅父；財過強或財星成局，尅母。

4. 歲運比劫成局，該年尅父或父有災；歲運財星成局，該年尅母或母有災。

5. 命局不見印星又不見偏財（或兩者皆被沖），和年柱月柱的干支大沖地尅，再加上第一個大運和第二個大運都不利印星及財星，主幼年父母雙亡，或過養他人，或從小離家別井。

6. 男命日主強旺，食傷不見（或受沖尅），和財星死絕無氣（或財星不見），尅妻。

7. 比劫成局，幾度新郎，主尅妻。

8. 命局成羊刃格及劫星多，尅妻。

9. 財多身弱，得婚不易，兼且有怕妻懼妻之象。

10. 女命食傷強盛，尅夫。如財星無力或受傷者尤甚。

11. 日主強旺，官殺死絕無氣，尅夫。

12. 印星過強盛，男女命皆尅子女。在男命而言，印星過強旺洩子女星（官殺）；在女命而言，印星過旺尅洩子女星（食傷）。

13. 滿局食傷，男女命皆尅子女。在男命而言，食傷過強旺尅子女星（官殺）；在女命而言，食傷過旺為忌則子女星（食傷）為忌。

14. 財官過旺，男女命皆尅子女。在男命而言，財官過旺為忌則子女星（官殺）為忌；在女命而言，財官過旺洩子女星（食傷）。

15. 至於得子在何年？《三命通會》云：「若論生子歲運，官殺重則在傷官食神；官殺輕則在財年官殺年；官殺輕食傷重，須是偏正印年；官殺重而財又多，須得比劫羊刃。」又云：「或天地合、三合、六合年，以此活法參之，蔑不中矣。」就是以流年和時柱子女宮相合，或天五合、或地三合六合，或天地皆合，其年有得子之兆。如果所合又成子女星則更驗。

16. 比劫成林，兄弟成羣。

第三節　借盤論六親法

借盤論六親法又稱借表論六親法，或簡稱借盤論命法，是八字命理論六親的主要秘訣。所謂「盤」就是八字命盤；即八字命局。當不知道生辰時，可借用親密的六親（如夫妻或子女）的命盤，轉換日主後，替代使用。這就是借盤論命法。

例如：當我們借丈夫的命盤來推論他的妻子的命運時，要經過一個轉換步驟。首先將丈夫原來的正財變為太太的日主，丈夫原來的日主變為太太的官星，其他的六神則以太太的日主為中心，依序改變成為一個新的命盤，以作推論。

借盤論命法的使用，要留意以下數點：

1. 通常八字中的日干為日主，代表自我。但借盤後新命盤的日主則沒有固定位置。

2. 借盤人的日主在新命盤中若有多個選擇時，天干優於地支。天干之中，若借盤人為父或母，年干優於月干及時干；若借盤人為夫或妻，則月干優於時干及年干；若借盤人為子女，則時干優於月干及年干。

3. 借盤人的新大運和原盤相同，不必另排大運。

4. 借盤人的新命盤的月令與原命盤相同，即得令或失令的五行相同。

5. 借盤人的新命盤不用論宮位及各柱的歲限。

6. 原盤之中若沒有該六親的十神，則該六親的命局不能勉強使用借盤論命法去推論。

為了方便說明，我以下列的一對夫妻為例。

女命（太太）：辛卯、乙未、己未、戊辰（1951年7月18日辰時、7歲入大運）。

坤造：		
食神 辛卯 七殺	七殺 乙未 七殺、偏財、劫財	日主 己未 七殺、偏財、劫財

劫財 戊辰 七殺、劫星、正財

大運：

7 丙申
17 丁酉
27 戊戌
37 己亥
47 庚子
57 辛丑
67 壬寅

某太太命造(1951-7-18)

丈夫借盤後得出的新命局如下。丈夫的新命局正偏財強旺而相對地日主稍微較弱。土為財星，財星當旺得令，丈夫為商人。丈夫五行忌土，土旺除了較易破財外，亦傷害婚姻關係，且多有外遇。其中二十七歲至四十二歲的土運尤甚，每當遇上火土流年，亦有同樣應驗。

		乾造：
		七殺 辛卯 比肩
	日主 乙未 比肩、食神、偏財
	偏財 己未 比肩、食神、偏財
正財 戊辰 比肩、偏印、正財

大運：

7	丙申
17	丁酉
27	戊戌
37	己亥
47	庚子
57	辛丑
67	壬寅

借盤論斷法（丈夫）

現同時列出丈夫本身的八字，讓您們檢視。相信您們很容易便會發現借盤論斷法所得出的結論，與原來命局所推算之結論是一致的。

男命（丈夫）：壬辰、庚戌、乙未、庚辰（1952年10月16日辰時）。

借盤論命法亦適宜用於合婚，因為夫妻是名副其實的「我中有你、你中有我」，借夫盤論妻的命或借妻盤論夫的命，每每都是靈驗非常。這部份在下一章「八字論婚姻」中我們再作探討。

第四節　論六親實例

毛澤東（刑尅父、妻、子女）：癸巳、甲子、丁酉、甲辰。

新馬師曾（幼年父喪）：丙辰、乙未、丁巳、庚子（1916年7月19日子時）。

李國豪（幼年父喪，父親李小龍死於1973年7月20日）：甲辰、丁丑、丙戌、？？（1965午2月1日）。

梅艷芳（六親緣份薄）：癸卯、壬戌、丙戌、丁酉（1963年10月10日子時）。

戴安娜王妃（夫緣不好）：辛丑、甲午、乙未、丙子（1961年7月1日子時）。

岳飛（幼年父喪、得賢母姚氏）：癸未、乙卯、甲子、己巳。（附：大運辛「亥」，流年辛酉，三十九歲被秦檜害死。

孔子（傷官重、尅父、尅子）：己酉、癸酉、庚子、丙子。

第四部：或躍在淵

第五章：八字論婚姻

第一節 《滴天髓》的論婚姻

六親論：

夫妻姻緣宿世來，喜神有意傍妻財。

局中有喜神，一生富貴在於是，妻子在於是，大率依財看妻，如喜神即是財神，其妻美而且富貴，喜神與財神不相妒忌，亦可，否則剋妻，或不美，或欠和，然看財神，又須活法，如財神薄，須要助財，財旺身弱，又喜比劫，財神傷印者，要官星，財薄官多者，要傷官，財氣未行，要沖者沖，洩者洩，財既流通，要合者合，庫者庫，若財太洩，比肩透露，及身旺無財者，必非夫婦全美，若財旺身強而富貴者，必多妻妾。

女命論：

論夫論子要安詳，氣靜和平婦道彰，二德三奇虛好話，咸池驛馬半推詳。

局中官星明順，夫貴而吉，理自然矣，若官星太旺，以傷官為夫，官星太微，以財為夫，比肩旺而無官，以傷官為夫，傷官旺而無財官，以印為夫，滿局官星欺日主者，喜印綬而官不尅主也，滿局印星傷洩官星之氣者，喜財星而身不尅夫也，大率與男命論貴論子之理相似，局中清顯，子貴而親不必言也，其傷官旺以印為子，傷官無氣以比肩為子也，印綬旺無傷官者以財為子也，財官旺而洩食傷氣者，以比肩為子也，不必專執官星論夫，專執食傷論子，但以安詳順靜為貴，二德三奇不必論，咸池驛馬雖有驗，總之於理不長，其中究論，不可不詳。

摘自《滴天髓》

第二節　綜論配偶星與夫妻宮

總結來說，論配偶應先看夫妻宮，次看代表配偶的十神，兩相參看，即知底細。日柱干支，上下相連，日支與日主最為親切，故日柱為夫妻宮。日支不論是為比劫財官食傷，如果是日主的喜用神，由於自我感覺良好，夫妻必為良緣。如果日支是日主的忌神，由於自我感覺不好，怨言磨擦必多，故夫妻緣有不足之處。如日支為喜而被沖，主尅及生離死別。如原本為喜而被合化，其理亦同。相反，如日支為忌而被沖，對夫妻緣反有幫助。如原本為忌而被合化，其理亦同。

配偶星方面，女命以正官代表丈夫，副論七殺星；男命以正財代表太太，副看偏財星。若尚未成婚時，女命官殺星，男命正偏財均代表着異性緣。女命七殺星出現不一定代表有丈夫以外的男人，官殺星俱代表感情上的男人，此二者有時可能是同一人。同樣地，男命八字偏財出現亦不一定代表太太以外的女人。

配偶星的看法有以下三個原則：

1. 以代表配偶星的干支在命局與日干的距離遠近、配偶星與日干的生尅會合沖刑害等關係，來判斷配偶對日主的影響和親疏關係。
2. 以配偶星的旺衰吉凶，以及在命局的生尅制化、刑沖尅害的關係，來判斷配偶的生命力、成就與吉凶。
3. 以日主的喜忌，看配偶星在命局是為日主所喜或所忌，以判斷對日主的實質性幫助能力。
4. 以夫妻宮本身在命局的為喜或為忌、刑沖尅害等吉凶關係，決定日主對相關配偶的主觀喜惡感覺。

有些命局完全不見配偶星，不一定代表沒有姻緣，可以看夫妻宮的合象和用神在適婚年齡的出現來論姻緣。

至於論婚期方面，八字命理是可以預測適婚年齡期間的所謂姻緣運。但這並不代表一定可以成婚，只能夠說是較有良機，較有可能成婚。姻緣仍須我們能掌握時「運」去付諸行動，畢竟婚姻最主要還是成之於「人」。如此後天人為因素配合了先天八字因素，因緣和合，方可完成婚姻大事。

第三節　八字論婚姻批斷要訣

美好婚姻：

1. 男命夫妻宮為吉又不逢刑沖，加上財來就我為喜用，妻賢子貴。
2. 女命夫妻宮為吉又不逢刑沖，身旺官有生護，夫榮子貴自身福。
3. 男命身旺坐財有食傷相生，靠妻之命。

男命婚姻不利：

1. 日主強旺，食傷不見或受沖尅，加上財星死絕無氣或財星不見，尅妻。
2. 比劫成局，幾度新郎，主尅妻。
3. 命局成羊刃格及劫星多，尅妻。
4. 財多身弱，得婚不易，兼且有怕妻懼妻之象。
5. 身旺財多有傷無殺，沾花惹草。
6. 財星旺並為忌為病，子絕妻劣。
7. 身弱傷財旺相官印損，感情易上當受騙。
8. 身旺劫多而行財運，刑妻尅子。
9. 印生身旺尅去財星，離婚之時。
10. 子午卯酉全，過多情緣。

11. 土燥火炎，不論男女，孤帳獨守。
12. 歲運刑沖夫妻宮，意謂該年夫妻宮動搖不安，不利於婚。

女命婚姻不利：

1. 食傷強盛，尅夫。如財星無力或受傷者尤甚。
2. 日主強旺，官殺死絕無氣，尅夫。
3. 身弱坐財，官殺過旺又合局，被夫遺棄。
4. 身比劫傷財都旺相，夫妻終日爭吵。
5. 女命身弱殺旺財混雜，賣身求榮。
6. 印身傷旺無財官，嫁不出去。
7. 官多爭合日干，女命愛情不專一。
8. 身印過旺再遇印運，孤貧之命，刑夫尅子。
9. 印身傷旺而無官殺，尅夫再婚。
10. 夫星不外露於天干，夫一事無成，得依靠妻。
11. 水泛木漂，女命主一生漂蕩。
12. 子午卯酉全，過多情緣。
13. 土燥火炎，不論男女，孤帳獨守。
14. 歲運刑沖夫妻宮，意謂該年夫妻宮動搖不安，不利於婚。

可人兒：

1. 女命金水旺貌美，合多則媚。
2. 女命身旺食傷洩秀者，聰明且有姿色。
3. 潤下成格，美而聰明。

情有獨鍾：

1. 對象之八字中，五行旺者為我的喜用神，易令我生好感，甚至會一見鍾情。

豪放女（先上車後買票）：

1. 女命先殺後官，且官殺力量強旺。
2. 官殺多，會合多。
3. 桃花，紅豔重，全局金水又旺。
4. 命理上遇到應婚的流年而未婚，主失身。
5. 身弱殺旺財混雜，賣身求榮。

雙妻命：

1. 男命日主強旺能任財，財又雙透。
2. 日主弱財雙透，娶妾易生風波。
3. 日主強，食傷生財，易得財富，亦多豔遇。

4. 喜財而偏財成格，或原命會成財局。
5. 身財兩旺，又多偏財者，多情多慾。
6. 男命雙正財來合日主。

妻有外遇：

1. 財遇比肩旺奪。
2. 妻財不合日主，而遭他柱劫財合去而成忌，妻心外向。

專業型女性：

1. 原局不見印星及官殺。
2. 夫星為忌或受尅，夫妻宮亦不佳。
3. 食傷盛，婚後不甘心雌伏。
4. 身旺食傷生財，事業心重。

尅妻命：

1. 日主強旺，財星死絕無氣或財星不見。
2. 羊刃多論妻宮有損。
3. 日主強旺，食傷不見或受沖尅。
4. 比劫成局。

剋夫命：

1. 食傷旺。
2. 日主強旺，官殺死絕無氣。
3. 羊刃多無制。
4. 日強傷盛，財無力護官。

男命二婚：

1. 比肩成局，幾度新郎。
2. 地支一字連（即年月日時四個地支皆相同），易成偏枯之命，幾度婚事。
3. 男命雙財星，女命雙官星，其一被傷、被劫、或被刑沖、或被合成忌。夫妻宮若再被刑沖剋害更驗。

畏妻：

1. 身弱財旺成局。
2. 身弱財生官殺。
3. 身弱喜印，旺財剋印。
4. 正財格，食神格。

疼妻：

1. 財為喜，日主合財或財貼身。
2. 妻星妻宮皆為喜。
3. 全局正財力量大於偏財。
4. 妻宮合日主。
5. 財官雙美。
6. 正財格、從財格。

不疼妻：

1. 身強財弱而食傷亦弱。
2. 局中無財。
3. 全局偏財力量大於正財。
4. 妻星妻宮皆為忌。
5. 財星為忌。
6. 日支逢刑沖。
7. 偏財格。

妾身不明：

1. 比肩爭正官，比肩強我弱，夫投別人懷抱，別人為正，我反為偏。
2. 傷食太重。
3. 官殺混雜，殺強官弱。

喜聽甜言蜜語／喜歡給人管：

1. 女命四柱中只有正官，沒有七殺。性格上喜歡丈夫嬌寵奉承自己，向自己說悅耳話。寧可聽假之甜言蜜語，也不願聽逆耳真言。

2. 女命四柱中只有七殺，沒有正官。能辦事，不拖泥帶水，乾脆直接，不喜歡囉嗦的人。故不會欣賞只會一味說甜言蜜語的男人，只喜歡能令自己內心起佩服的人，自己反而喜歡有人能管她。

3. 官殺混雜的女命，同時具備以上的兩種性格，既要丈夫嬌寵奉承，又要丈夫管她，成了矛盾雙重性格。

常暗戀：

1. 女命食傷生財旺，並且官弱，官又為用神。

2. 男命食傷旺，並且財弱，財又為用神。

婚姻遲早：

1. 適婚年紀，流年干支與八字中的日柱干支天合地合。男性日主合流年干正財，女性日主合流年正官更驗。

2. 日支與流年支六合或三合。

3. 男命日柱以外的干支與流年干支合成財星。

4. 女命日柱以外的干支與流年干支合成官星。

5. 日柱以外的干支與流年干支合成忌神，婚事易多生枝節。

6. 男命財星明現有情。

7. 女命官星明現有情。

8. 看原命唯一配偶星的位置，知其婚期遲早。

9. 男命日主強，以食傷財運為婚期。

10. 男命日主弱財旺，以比劫運為婚期。

11. 女命日主強，以財官殺運為婚期。

12. 女命日主弱官殺旺，以印比劫為婚期。

13. 不論男女命，比劫多，宜晚婚，其中尤以天干比劫為最。

14. 男命若以偏財為妻，女命若以七殺為夫，晚婚。

15. 夫妻宮不佳，配偶星亦不佳之命造，早婚易離散。

單身貴族：

1. 原局不見異性星。

2. 原局唯一異性星被沖尅合。

3. 男命日支羊刃為忌。
4. 女命食傷盛，本身才智高而凌夫，婚緣不易。

同性戀：

八字不利姻緣，如：全局太熱或太冷但調候無力、或印旺為忌逢官殺運、或尅洩太過、或日月支皆為忌而被沖合等，皆象徵姻緣不順。在姻緣不順的大前提下，我們可再從不同角度來分析同性戀的命理。基本上，同性戀的八字是由於五行不調和，引致心理上的性別喜好異常。其中以傷官（食多亦成傷）的影響最甚。因為傷官主生理發洩，食傷配置失當，代表不按牌理出牌，是同性戀主要成因之一。這裏跟大家分享同性戀的命理經驗。

1. 地支三合食傷。其中以水為日主、木為食傷尤甚。
2. 日主弱又遇食傷洩旺。
3. 日旺無洩，或洩之無力亦同。
4. 男忌孤辰、女忌寡宿。
5. 全局太熱或太冷，調候無力。

同性戀者的例子：

- 乾造（張國榮：1956年9日12日酉時）：丙申、丁酉、壬午、己酉。（原因未明。是先天？是後天？）

- 乾造（1966年8月9日酉時）：丙午、丙申、庚子、乙酉。（地支申子半三合傷官，逢己亥、庚子、辛丑運傷官進氣更旺。）

- 坤造（1962年6月4日丑時）：壬寅、丙午、癸酉、癸丑。（癸水弱命，遇甲木傷官洩旺過甚。）

- 坤造（1978年12月6日丑時）：戊午、甲子、壬寅、辛丑。（戊午、甲子兩柱天尅地沖，大運金水六十年，午火敗，全局太冷，調候無力。）

- 坤造（1952年12月21日亥時）：壬辰、壬子、辛丑、己亥。（全局太冷，調候無力。）

- 乾造（1977年3月10日酉時）：丁巳、癸卯、丙寅、丁酉。（日強洩之不足，平日頗女性化，為雙性戀者。）

第四節　論八字合婚

八字命理由於能夠提供我們許多有關配偶及婚姻的參考資料，若能將男女雙方八字合參推論，能使雙方對未來婚姻生活和夫妻相處之道有所啟示與共識，自然有助益於婚姻的安穩與長久。

所謂八字合婚，是將男女雙方八字合參推論，看可否順利成婚、融洽相處或白頭偕老。八字合婚的最終心法，是以一方的八字推論其配偶及婚姻的種種，再對照另一方的所示是否符合。若兩者愈吻合，則愈具「夫妻相」。相反，若很背離則非屬一對。而我們在上一章第三節討論過的借盤論斷法，最適用於合婚，因為夫妻是名副其實的「我中有你、你中有我」。借男盤論他的妻子的命，或借女盤論她的丈夫的命，再看是否吻合，以決定是否具「夫妻相」，往往都是靈驗非常。

八字合婚若用於八字擇偶，固然能助我們選出最理想的伴侶。但是若男女雙方已有深厚感情或已談婚論嫁，八字合婚結果縱然不吉，亦不應過分執着。須知八字所推論得知之一切，均屬先天的預兆，而非絕對的事實。因為事實的結果，必然由後天人為才能引發而生。故縱然

八字合婚結果不吉，若夫妻雙方能夠共同深入癥結，所謂「二人同心，其利斷金」，未必不能創造幸福美滿的婚姻。

論合婚的誤區：

生肖合婚之謬論：凡男女出生年的年支相刑、相害、相沖都不宜婚配；相合、相生都宜婚配。民間還有用生活中幾種動物的相互殘食關係來判斷，如老虎吃羊……等。生肖合婚完全違背了五行生尅制化的規律，絕對不足為信。

神煞合婚法：此法以唐朝李虛才神煞合婚法為代表，以男女雙方命宮為依據，將命宮分為東四宮（震、巽、坎、離）和西四宮（乾、坤、兌、艮），要求本宮男女相配。上佳之配者，還要求乾宮配坤宮（老男配老婦）、震宮配巽宮（長男配長女）、坎宮配離宮（中女配中男）、兌宮配艮宮（少女配少男）等。如異宮相合或陰陽失調，皆被說成婚姻不幸。神煞合婚只憑一個年柱代表一個人的特定婚姻信息，完全違背了五行生尅制化的規律，亦是不足為信。

> **合四柱法**：有些人片面理解合為吉，刑沖為凶。因此將男女雙方八字排列在一起，認為若兩日柱有合或相生為佳配，相尅刑為不吉，並以天地俱合為上等婚姻。若同時再加上兩月柱有合或相生，則更為上上等的婚姻。這種方法屬於江湖騙人技倆，並無依據。如果合而為忌神，難道也能説成相配嗎？

第五節　論姻緣實例

1. 鄧麗君：壬辰、癸丑、庚辰、甲申（1953年1月29日申時）：命局食傷旺盛，雖為成名之象，可惜命局無官，食傷旺盛更容不下官，故無夫緣。

2. 梅艷芳：癸卯、壬戌、丙戌、丁酉（1963年10月10日子時）：火土過旺，金生水為用，水為官星，故甚渴望愛情。惜神女有心，襄王無夢。

3. 鍾楚紅：庚子、戊寅、甲戌、丙寅（1960年2月16日寅時）：財護七殺，旺夫之命。惜癸酉大運合去戊土，夫於丁亥年患腸癌逝世。

4. 張柏芝：庚申、辛巳、丁酉、己酉（1980年5月24日酉時）：從財格，食財為用，官

殺流通全局亦為用，故易生暗戀單戀，最
忌印星及比劫破格。

5. 戴安娜王妃：辛丑、甲午、乙未、丙子
   （1961年7月1日子時）：弱木命，火土旺為
   忌，日支未土合午火化為忌神，夫緣不好。
   （其夫查理斯王子的命造：戊子、癸亥、癸
   卯、??（1948年11月14日吉時））。

6. 女命：乙巳、乙酉、戊寅、丁巳（1965年9
   月21日巳時）：弱土命，官殺為忌，夫妻宮
   逢刑、夫妻經常動粗、壬申年申請離婚過
   程中，夫自殺。

7. 女命：甲辰、甲戌、癸丑、丙辰（1964年
   10月31日辰時）：弱水命、金水為用，對金
   水旺極的丈夫一見鐘情。（夫命：癸卯、癸
   亥、庚申、壬午（1963年11月13日午時））。

8. 女命：丁酉、癸丑、庚戌、己卯（1958年2
   月2日卯時）：身旺傷官亦旺，傷官阻隔了
   官星，夫常有外遇，夫妻常生磨擦。1997
   年丁丑年妻帶子女移民，夫妻自此分開，
   2003年癸未年夫妻宮三刑，癸水傷官再尅
   官星，離婚。（夫命：丁酉、丙午、己卯、
   丁卯（1957年7月6日卯時））。

9. 女命：丙戌、己亥、戊申、丙辰（1946年
   11月30日辰時）：旺土命，夫星不顯，夫
   不成材兼有小太太、夫妻宮為用神又遇合，
   安於現狀，逆來順受。

10. 女命：辛亥、庚寅、丁卯、戊申（1971年2月11日申時）：丁火弱命，夫妻宮印星為用，愛夫。但亥水夫星不外露天干，又逢寅亥合而不化，夫不成材，安於現狀，自二零零三年起失業多年，全賴辛金財星護蔭，故夫日常花費也得依靠太太，此為命也。

11. 女命：甲辰、戊辰、戊子、甲寅（1964年4月9日寅時）：身弱殺旺，辰辰自刑沖開財之墓庫，財旺再生旺殺，情況與「身弱殺旺財混雜」相同，都是賣身求榮。結婚離婚不當是一回事，與很多權貴及江湖中人有染。

12. 男命：庚子、壬午、癸巳、癸丑（1960年7月4日丑時）：身印俱旺，印星為忌，忘恩負義。壬午暗合，巳丑拱合，火全受制，命局陰森成象，不仁不義；正財偏財，大運丁火偏財外露生婚外情；身旺比劫尅財太過，妻遭虐侍。（妻命：癸卯、乙卯、壬申、??（1963年3月30日）：壬水身弱，夫妻宮申金為用神，對丈夫之愛近乎盲目，對丈夫之所為完全逆來順受，此亦命也！）。

13. 男命：丁酉、辛亥、乙未、己卯（1957年11月19日卯時）：地支三合成局，身極旺；印星為忌，忘恩負義；木旺成林而缺火洩秀，木為忌神，主不仁；木旺又主易受騙；比劫爭財太過，尅妻，時而對妻動粗，而妻本身健康亦不甚佳；比劫爭財太過，亦是典型賭徒心態，投機心極重，以至債台高築。如此丈夫，對於渴求愛情的少女們，是不是一記當頭棒喝呢？（妻命：丙申、辛卯、己亥、戊辰（1956年4月2日辰時）：卯木夫星不外露天干，又逢卯亥半合，夫不成材；亥水亦生護着卯木，財生官之象，丈夫常花太太錢；己土與亥水支藏之甲木成天干暗合，日主暗合夫星，愛夫如命，此亦命也！）。

第四部：或躍在淵

第六章：論五行測病法

第一節 《滴天髓》的疾病論

疾病論：

五行和者，一世無災。

五行和者，不特全不缺，生而不尅，只是全者宜全，缺者宜缺，生者宜生，尅者宜尅，則和矣，主一世無災。

血氣亂者，平生多疾。

血氣亂者，不特火勝水，水尅火之類，五氣反逆，上下不通，往來不順，皆為亂，主其人多疾病。

忌神入五臟而病凶。

柱中所忌之神，不制不化，不沖不散，隱伏深固，尅人五臟，則其病凶。

忌木而入土者脾病，忌火而入金則肺病，忌土而入水則腎病，忌金而入木則肝病，忌水而入火則心病。

又看虛實，如木入土，土旺者，則脾有餘之病，發於四季月，土衰者，則脾不足之病，發於春冬月，餘做此。

客神遊六經而災小。

客神比忌神為輕，遊行六道，則必有災，如木遊於土地而胃病，火遊金地而大腸病，土行水地而膀胱病，金行木地而膽病，水行火地而小腸病。

木不受水者血病。

木逢沖而或虛脫，則不受水，必主血病，蓋肝屬木而藏血，不納則病矣。

土不受火者氣傷。

土逢沖中虛脫，則不受火，必主氣病，蓋膽屬土而容火，不受則病矣。

金水傷官，寒則冷嗽，熱則痰火，火土印綬，熱則風痰，燥則皮癢，論痰多木火，生毒鬱火金，金水枯傷而腎經虛，水土相勝而脾胃洩。

凡此皆五行不和之病，嘗有局中應傷六親，而不盡驗者，殆以病免其咎，如土為妻，土受傷應尅妻，而不尅者，或其人恆患脾病，則亦足以當之矣。

摘自《滴天髓》

第二節　論五行在中醫上之運用

五行	季節	方向	六淫	臟腑	在體	在竅	七情	所藏	五色	五味	五聲	五液
木	春	東	風	肝、膽	筋	目	怒	魂	青	酸	呼	淚
火	夏	南	暑、火	心、小腸	脈	舌	喜	神	赤	苦	笑	汗
土	四季	中	濕	脾、胃	肉	口	思	意	黃	甘	歌	涎
金	秋	西	燥	肺、大腸	皮	鼻	憂、悲	魄	白	辛	哭	涕
水	冬	北	寒	腎、膀胱	骨	耳	恐、驚	志	黑	鹹	呻	唾

中醫學利用五行的特性來形容各臟腑器官的生理功能，相互之間的關係，生理現象以及病理變化。實際應用上，調理身體或治病時，某些器官若有病，可能需要針對另一些器官作出治療。

五行屬性	臟	腑	特性
木	肝	膽	肝之特性是不宜鬱結，要像樹木般得到舒展
火	心	小腸／三焦	心推動氣血溫暖整個人
土	脾	胃	脾主消化吸收，滋潤身體，如大地孕育萬物
金	肺	大腸	肺主聲，肺氣宜清，如金屬般鏗鏘有聲
水	腎	膀胱	生命的本源來自水，而腎屬先天的本源

五臟相生之關係為：肝木藏血營濟心火，即木生火。心火陽氣溫於脾土，即火生土。脾土化生水谷精微以充實肺金，即土生金。肺金清肅下行助於腎水，即金生水，腎水之精氣養於肝木，即水生木。

五腑相生之關係為：膽汁注入小腸，即木生火。小腸疏導利於胃，即火生土。胃氣下行助於大腸，即土生金。大腸清理水質蓄於膀胱，即金生水，膀胱之氣化精微升於膽，屬水生木。

五臟相尅之關係為：肝木之條達能疏洩脾土，即木尅土。脾土之運化能控制腎水之泛濫，即土尅水。腎水之滋潤能平和心火狂燥，即水尅火。心火之陽熱能制約肺金清肅太過，即火尅金。肺金之氣清肅下降能抑制肝膽上亢，即金尅木。

五腑相尅之關係為：膽氣太過，則胃氣呆滯，利水不佳，即木尅土。胃之陽熱太盛，則膀胱氣化失司，即土尅水。膀胱之疏洩則牽連小腸固攝，即水尅火。小腸之疏導失調則大腸排瀉失控，即火尅金。大腸疏瀉失調，則影響膽汁分泌，即金尅木。

臟與腑之間之關係則為互為表裏：

心與小腸	心經實火可「移熱於小腸」，引起尿少、尿赤，排尿時前陰灼熱等小腸實熱證。反之，若小腸有熱，亦可循經上炎及心，見心煩、舌赤，甚則舌頭糜爛。
肝與膽	同主疏洩。肝火旺或膽火盛，都可出現脅痛、口苦、咽乾，性躁易怒。肝膽濕熱而致之黃疸，既有發黃、口苦之膽汁外溢，亦有脅痛、納呆等肝氣鬱結表現。
脾與胃	脾運不佳，久則影響胃納；胃納失常，亦可影響脾運，臨床常見脾胃同病。
肺與大腸	肺有火熱之邪，氣機壅塞，肅降失職，則可引起大腸實熱，壅滯不通，而見便秘不行；反之，若大腸積熱，津虧液燥，大便秘結，傳導阻滯，亦能影響肺氣肅降，出現咳喘。
腎與膀胱	共同完成水津之調節與排洩。膀胱之氣化作用決定於腎氣之盛衰，腎氣充盛則膀胱開合有度，水液能正常代謝。

第三節　五臟病理學精論

五行在中醫診斷上具有重要的意義。從錯綜複雜的病理變化中，簡單的五行相生相剋理論，能說明複雜的病理關係：

- 如有人面部發赤，心中發熱，皮膚瘡癢，容易出汗等毛病出現，由於色赤屬火，發熱屬火，汗液屬火，便可考慮是心經之病。

- 如有人頭目暈眩，易怒，不時流淚等毛病出現，由於暈眩屬木，怒屬木，淚液屬木，可考慮是肝經之病。

- 如有人身體浮腫，濕疹，脚氣，黃腫，口臭，不時翻胃等毛病出現，可考慮是脾經之病。

- 如有人鼻塞鼾響，語塞氣結，音啞喘氣，咳嗽痰多，涕多等毛病出現，可考慮是肺經之病。

- 如有人疲乏無力、畏寒肢冷、自汗，又或泌濁難忍，有濁帶多，瀉痢，霍亂，性病等毛病出現，可考慮是腎經之病。

口訣整理：

諸風掉眩屬肝木，諸疼瘡瘍屬心火，諸濕腫滿屬脾土，諸氣膹鬱屬肺金，諸寒收引屬腎水。

諸風掉眩皆屬肝木

肝屬東方木，為青帝。肝合筋，其榮爪也。其聲為呼，開竅於目。怒則傷肝。諸風掉眩，皆屬於肝。以辛補之，酸洩之。

肝藏血（肝虛症：血虛為形瘦，面色指甲不華，目眩，髮脫，筋惕肉瞤，舌質淡。肝實症：肝血凝滯為脅痛如刺，脅下痞塊）。**氣為用**（肝虛症：肝鬱者氣不通達，憂鬱不歡，精神萎靡，多悲觀消極。肝實症：肝氣太強者胸脅腹滿，精神易於激動。）。**性喜溫**（肝寒者生氣不足，四肢不溫。血虛生熱，為手足心熱，並出潮汗）。**志為怒**（肝火為急躁，發狂）。**謀慮所出**（氣鬱血虛者，多疑善慮）。**罷極之本**（疲乏，不耐操勞）。**舍魂**（氣鬱血虛者，失眠艱寐，多夢驚醒）。**臟相火**（火逆為頭脹，面熱，目赤，口苦作乾）。**通於風氣**（血虛生風，為目眩眼花，四肢麻木抖動抽

搐，舌顫。）。**開竅於目**（血虛為目乾且澀，視物模糊。肝熱為目赤紅腫，流淚畏光）。**與膽為表裏**（肝熱為苦口，肝虛為膽怯）。**主筋**（血不養筋，拘攣，軟弱。爪為筋之餘，灰指甲赤屬血虛。膝為筋之府，筋病多膝部屈伸不利）。**與腎心相生**（水不生木者，則腎陰虛而後肝虛症。木不生火者，則肝臟氣血虛而後出現心虛症）。**與脾肺相尅**（木尅土者，先有肝氣旺，肝氧犯胃，後見脾胃症。金尅木者，先有肺氣盛，後見肝症）。

諸熱昏瘈皆屬心火

心屬南方火，為赤帝。心合於脈，其色榮也。其聲為言，開竅於舌，為神變之所。驚喜傷心。諸熱昏瘈，皆屬於心。以鹹補之，以苦洩之。

心生血（心虛症：血虛為面色不華，少氣。心實症：滿面通紅赤甚）。**生脈**（心虛症：心氣不足，則脈象細弱。心實症：心跳、心悸）。**司君火**（心實症：心旺為心煩，發狂。心虛症：火衰而陽氣內鬱，心痛，面青氣冷，手足青至節）。**藏神**（血虛心神不安，為心悸、失眠、健忘。熱邪侵擾，為囈語。）。**開竅於舌**（火旺而舌紅）。**汗為心液**（多汗）。**與小**

腸為表裏（心熱腸不便）。**與肝脾相生**（木不生火者，則肝臟氣血虛而後出現心虛症。火不生土者，先有腎寒，繼而出現脾不健運症）。**與肺腎相尅**（火尅金，先有心火旺，繼而出現肺失青肅症。水尅火，先有腎寒，繼而出現了心虛症；又或先有腎水不足，而後出現心實症）。

諸濕腫滿皆屬脾土

脾屬中央土，旺於四季，為黃帝，主濕土。脾為五臟之樞。其聲為歌，開竅於口。脾合於肉，其榮唇也。憂思傷脾。諸濕腫滿，皆屬於脾。用苦瀉之，甘補之。

司中氣（脾虛症：中氣虛者倦怠乏力，懶言，嗜臥，行動氣短。脾實症：中氣滯為脘腹脹滿）。**主運化**（中陽不運，脘腹脹滿）。**性升**（清陽不振為眩暈。中氣下陷為脫肛，為水腹脹墜）。**惡濕**（濕阻為目胞腫，腹脹，洩瀉，黃疸。濕停成水，漬阻肌膚浮腫，下注為腳氣）。**統血**（樗大便血，婦科崩漏）。**主肌肉**（樗消瘦，四肢無力）。**主四肢**（沈困無力）。**開竅於舌**（濕阻為口淡，口膩，舌胖，舌苔厚。濕熱內蘊為口甘、口臭，口舌生瘡生疳）。**其華在唇**（脾虛唇白。脾熱為唇絳、唇

裂，説話時不斷吐氣。）。**與胃為表裏。與心肺相生**（火不生土者，先有心陽虛，而後出現脾虛症。土不生金者，先有脾弱，而後出現肺虛症）。**與肝腎相尅**（木尅土，先有肝氣，肝氣犯胃，繼而出現脾不建運症。土尅水者，先有月脾實，而後出現腎虛尅。）。

諸氣膹鬱皆屬肺金

肺屬西方金，為白帝。鼻為之宮。肺合於皮，其聲為哭，其榮毛也。悲傷肺。諸氣膹鬱，皆屬於肺。以酸補之，以辛洩之。

肺主氣（肺虛症：氣虛為呼吸短促，音低。肺實症：氣壅為喘呼，胸悶）。**佈津液**（為口乾，皮膚枯燥）。**司肅降**（氣逆為咳嗽、氣喘。傷絡為吐血）。**主皮毛**（為多汗，易感冒）。**開竅於鼻**（不聞香臭，流涕，鼻淵，鼻煽）。**喉為肺系**（肺虛失音。受寒為喉癢，音嗄。受熱為喉痛紅腫。痰阻為喉如拽鋸、哮喘）。**上氣海**（氣滯為胸悶，胸痛）。**水之上源**（肺閉為小便不利）。**大腸為表裏**（肺津不佈，為大便困難）。**與脾腎相生**（土不生金者，先有脾弱，而後出現肺虛症。金不生水，先有肺虛，而後出現腎陰不足症）。**與肝心相尅**（金尅木者，先有肺實，而後出現肝氣鬱滯

症。火尅金者，先有心火旺，而後出現肺熱症）。

諸寒收引皆屬腎水

腎屬北方水，為黑帝。左曰腎屬壬，右曰命門屬癸。腎病則耳聾骨痿。腎合於骨，其聲為呻，開竅於耳，其榮髮也。恐傷腎。諸寒收引，皆屬於腎。以苦補之，以鹹洩之。

腎為水火之臟（陰虛症：水指腎陰，陰虛為潮熱，骨蒸，腰酸，膝軟。陽虛症：火即命門之火，指腎陽，陽虛為畏寒，手足清冷）。**藏精**。**主作強**（腎志盛，腹中作嘔，積鬱苦悶。腎志不足，無氣力，無毅力）、**伎巧**（為腰酸，脊不能舉，迷惑善忘）。**性寒**（畏寒，厥逆）。**主納氣**（為喘促，呼多吸少）。**主骨髓**（為骨痿行立無力。齒為骨之餘，為齒浮而長。腦為髓海，為頭眩空鳴）。**開竅於耳**（為耳鳴，耳聾）。**其榮在髮**（為脫髮）。**腰為腎府**（陰虛為腰酸。陽虛為腰背冷）。**司二便**（為洩瀉，遺尿，尿頻）。**與膀胱為表裏。與肝肺相生**（水不生木者，先有腎虛而後出現肝血不足症。金不生水者，先有肺虛，而後出現腎陰不足症）。**與心脾相尅**（為水尅火，先有腎寒，而後出現心虛症；又或先有腎水不足，

而後出現心實症。土尅水者，先有脾實，而後出現腎虛症）。

從以上可以看見：肝與腎心相生、心與肝脾相生、脾與心肺相生、肺與脾腎相生、腎與肝肺相生。中醫學第一經典《黃帝內經》稱之謂「生我者為母，我生者為子」。例如：腎（水）生肝（木），故為腎為母，肝為子；肝（木）生心（火），故為肝為母，心為子，如此類推。中醫治病之基本原理為「虛則補其母，實則瀉其子」。例如：心虛症若是由肝臟氣血虛而後出現，是為木不生火，中醫治理會先補其母，故以補肝為首要。這跟命理學的「流通原則」是完全吻合的。

中醫學另一經典《難經》亦提出另一個病理的基本原理：「子能令母實，母能令子虛」。前者正好就是命理學的「旺者洩之」的道理，後者則是命理學的「母慈滅子」之象了。

歸納來説，一個人的八字若有「虛則補其母」、「實則瀉其子」的情況；或有「子能令母實」、或「母能令子虛」之象，其五臟也自然會呈現相同的病理，這亦是命理學的「五行測病」理論基礎。

第四節　論五行測病法

天干配臟腑：

甲為膽、乙為肝、丙為小腸、丁為心、戊為胃、己為脾、庚為大腸、辛為肺、壬為膀胱、癸為為腎。

地支配臟腑：

寅為膽、卯為肝、巳為小腸、午為心、辰戌為胃、丑未為脾、申為大腸、酉為肺、亥為膀胱、子為腎。

四柱配身體

年干為頭或面、月柱為胸或背、日支為腹或腰、時支為腳。

五行生病之預測：

五臟生病，病源多在地支。六腑生病，病源多在天干。命局看病，大運流年（及季節）看發病時間。

1. **肝、膽方面**：強金伐木、土重木折、水多木漂、火炎木焚、木重無洩。
2. **心、小腸方面**：水多火熄、土多火晦、金多火衰、木多火塞、火多無洩。
3. **脾、胃方面**：木重土陷、水多土流、金多土虛、火多土焦、土旺無洩。
4. **肺、大腸方面**：強火熔金、木堅金缺、土多金埋、水多金沉、金旺無洩。
5. **腎、膀胱方面**：土多水塞、金多水濁、火多水沸、木盛水縮、水旺無洩。

健康斷語：

1. 五行流通有情，一生少病。
2. 日主強旺，身體好。
3. 信佛修煉，一生少病。

疾病斷語例句：

1. 水多土弱，先有腎陽虛症（即指畏寒，手足清冷，沈困無力），後易患胃腸寒冷之症。
2. 火盛土衰，先有心火旺（滿面通紅赤甚，多汗、心跳、心悸）；繼而出現肺失清肅症，心熱腸不便，後易患皮膚乾燥性過敏症，冬天皮膚凍裂。

3. 火炎木焚，先有心火旺（滿面通紅赤甚，多汗、心跳、心悸）；繼而出現肝火，急躁，發狂，亦易因肝火虛旺而引起皮膚之熱毒。

4. 濕土太多又逢旺水浸，脾惡濕，濕阻為目胞腫，腹脹，洩瀉。濕停成水，漬阻肌膚浮腫，故易患濕毒性皮膚病。

5. 丁火弱又入墓（未），逢歲運（丑）刑沖墓庫，易患心血之病，此為心虛症：火衰而陽氣內鬱，心痛，面青氣冷，手足青至節。

6. 壬水極弱遇強金阻塞水源，金多水濁、易患膀胱結石之症。

7. 癸水極弱遇強金阻塞水源，金多水濁、易患腎石之症。

8. 男命冬天出生，四柱水旺欠火，火即命門之火，指腎陽，為腎陽虛症，陽虛為畏寒，手足清冷，易患腎機能衰弱之病。

9. 男命癸水弱又入墓（丑），逢歲運（未）刑沖墓庫，或逢旺火歲運，腎水不足，易患腎機能衰弱之病。

10. 丙火過弱，易患小腸病、眼疾及神經衰弱等疾。

11. 日主身弱，比劫弱，食傷重，是過量消耗之象，易患失眠症、精神分裂症等。

12. 命運歲成兩丑沖未或兩未沖丑，易患脾病，浮腫症等。

13. 命運歲成兩辰沖戌或兩戌沖辰，易患胃病。

14. 土氣薄弱，金氣旺盛，為金多土虛，主脾胃弱、肺實，氣壅胸悶，易患胃下垂之症。

15. 土重金埋，是中醫所說之「母能令子虛」，肺虛之症，若加上濕氣過重，且辛金弱極，易患肺炎、肺癆等症。

16. 木過多無洩無制，是中醫所說之「肝實症」，易患胃腸及消化系統病（土被尅），生殖器官諸疾（木能洩水），皮膚病（囚金），肝火虛旺，及易跌傷撞傷等（木主筋）。

17. 火過多無洩，是中醫所說的「心實症」，易患肺病、鼻病、大腸炎、皮膚病，支氣管炎及呼吸系病（尅金），筋骨酸痛（火能洩木），牙痛，神經衰弱症，男夢遺及婦女閉經白帶等疾病（囚水）。

18. 土過多無洩，易患腎、膀胱及泌尿系統諸病，耳疾或聽覺受損等（尅水），心血衰弱症（洩火），皮膚病症（埋金），脾胃脹氣等。

19. 金過多無洩，易患肝膽、四肢有關之病症，眼目諸病（尅木）；肺炎、腸炎，鼻炎，皮膚病等（皮膚大腸互為表裏），胃脾虛寒等病（洩土）。

20. 水過多，易患腦溢血，心臟病（尅火），糖尿病（洩土），風濕症，關節炎，及泌尿系統諸病（水旺無制），四肢寒冷，肝病諸症（水多木漂）。

第五節　五行測病命例

1. 男命：丁酉、丙午、己卯、丁卯（1957年7月6日卯時）。酉金極弱，1975年（乙巳運、乙卯年）肺癆病入院半年。

2. 女命：壬寅、壬寅、戊戌、丙辰（1962年3月1日辰時）。壬水死絕，水竅在耳，童年失聰。

3. 女命：癸巳、甲寅、甲辰、丁卯（1953年2月22日卯時）。癸水死絕，腎虛，長期腰腳患，2000年（己未運、庚辰年），一耳突然失聰。

4. 女命：戊申、乙丑、甲申、戊辰（1969年1月9日辰時）。水木極弱，2003年（辛酉運、癸未年）頸肩骨刺困擾。

5. 男命：戊子、乙丑、壬戌、辛亥（1949年2月1日亥時）。丁火極弱、水土相剋、高血壓、心臟病、糖尿病等。1997年（庚午運、丁丑年）心臟病入院通血管。

6. 男命：甲午、癸酉、庚寅、癸未（1954年10月1日未時）。己土極弱，脾弱，浮腫，極口臭。

7. 男命：甲辰、癸酉、己巳、辛未（1964年9月17日未時）。土弱金極旺，1980年（甲戌運、庚申年）精神分裂病，自此時好時壞，常有自殺傾向及常自稱見鬼，發病每在申金月份。

8. 男命：辛丑、乙未、乙卯、甲戌（1961年7月21日戌時）。1981年（癸巳運、辛酉年）三合金局天剋地沖日柱乙卯，比劫主手足，卯木主手指，斷四指。

9. 女命：丙辰、庚子、壬辰、乙巳（1916年12月26月巳時）。丙火極弱。丙為雙目。1980年（癸巳運、庚申年）得白內障，1981年（辛酉年）失明。

智理文化系列

增修八字心悟 上冊－機理篇

作者
覺慧居士

增修
溫民生

編輯
雷勝明

美術統籌
莫道文

美術設計
曾慶文

出版者
資本文化有限公司
地址：香港中環康樂廣場1號怡和大廈24樓2418室
電話：(852) 28507799
電郵：info@capital-culture.com
網址：www.capital-culture.com

承印者
資本財經印刷有限公司

出版日期
二〇一七年七月第一次印刷